# El poder de la autoestima

T0282913

Biblioteca Nathaniel Branden

## Biografía

Nathaniel Branden nació en Ontario en 1930. Es psicoterapeuta especialista en la psicología de la autoestima. Pionero en el estudio de dicha materia, la transformación personal y las relaciones entre hombres y mujeres, sus obras se han convertido en bestsellers y han sido traducidas a más de veinte idiomas.

Es autor de *La psicología del amor romántico*, *La psicología de la autoestima*, *El arte de vivir conscientemente*, *El respeto hacia uno mismo*, *Cómo llegar a ser autorresponsable*, *Cómo mejorar su autoestima*, *La autoestima en el trabajo*, *La autoestima de la mujer* y *La autoestima día a día*, todos publicados por Paidós.

# Nathaniel Branden
## El poder de la autoestima
#### Cómo potenciar este importante recurso psicológico

PAIDÓS

Obra editada en colaboración con Editorial Planeta – España

Título original: *The Power of Self-Esteem. An Inspiring Look at our Most Important Psychological Resource,* de Nathaniel Branden
Publicado en inglés por Health Communications, Inc., Florida

Traducción de María V. Arauz
Portada de Idee

© 1992 por Nathaniel Branden

© 1993 de todas las ediciones en castellano,
© 2011, Espasa Libros, S. L. U. – Barcelona, España

Derechos reservados

© 2024, Ediciones Culturales Paidós, S.A. de C.V.
Bajo el sello editorial PAIDÓS M.R.
Avenida Presidente Masarik núm. 111,
Piso 2, Polanco V Sección, Miguel Hidalgo
C.P. 11560, Ciudad de México
www.planetadelibros.com.mx
www.paidos.com.mx

Primera edición impresa en España: octubre 2011
ISBN: 978-84-493-2614-1

Primera edición impresa en México en Booket: abril de 2024
ISBN: 978-607-569-704-8

Impreso en los talleres de Impregráfica Digital, S.A. de C.V.
Av. Coyoacán 100-D, Valle Norte, Benito Juárez
Ciudad De Mexico, C.P. 03103
Impreso en México - *Printed in Mexico*

# Sumario

# Prefacio

## AUTOESTIMA. UNA DEFINICIÓN

La autoestima es una poderosa fuerza dentro de cada uno de nosotros. Comprende mucho más que ese sentido innato de autovalía que presumiblemente es nuestro derecho al nacer, esa chispa que los psicoterapeutas o maestros intentamos avivar en aquellos con quienes trabajamos, y que es sólo la antesala de la autoestima.

Querría que cuando comience a leer este libro sepa exactamente qué entiendo por «autoestima». Existen muchas definiciones que considero confusas, menos fuertes o menos útiles que la que yo propongo. Si la autoestima pierde su significado preciso y desciende al nivel de mera palabra de moda, puede que no la tomen en serio aquellos a quienes intentamos llegar: precisamente las personas que más la necesitan.

> La *autoestima* es la experiencia de ser aptos para la vida y para las necesidades de la vida. Más específicamente, consiste en:
> 1. Confianza en nuestra capacidad de pensar y de afrontar los desafíos básicos de la vida.
> 2. Confianza en nuestro derecho a ser felices, el sentimiento de ser dignos, de merecer, de tener derecho a afirmar nuestras necesidades y a gozar de los frutos de nuestros esfuerzos.

Más adelante perfeccionaré y condensaré esta definición, pero esto es esencialmente lo que quiero decir cuando trato el concepto de autoestima.

# Introducción

# LA IMPORTANCIA DE LA AUTOESTIMA

## Una perspectiva histórica

Hoy hay en todo el mundo una concienciación sobre la importancia de la autoestima. Reconocemos que así como un ser humano no puede esperar realizarse en todo su potencial sin una sana autoestima, tampoco puede hacerlo una sociedad cuyos miembros no se valoran a sí mismos y no confían en su mente.

En consecuencia, quiero tratar el tema de su significado concreto y cómo y por qué afecta tan profundamente nuestra vida. Sólo sobre esta base podremos comprender cómo los principios de la psicología de la autoestima pueden aplicarse a la psicoterapia y a nuestras escuelas, organizaciones e instituciones sociales de toda índole.

Recientemente reflexioné acerca del día en que escribí, casi cuatro décadas atrás, mis primeras notas sobre la autoestima. Fue en 1954; yo tenía 24 años, estaba estudiando psicología en la Universidad de Nueva York y ya tenía alguna práctica. Las notas no eran para ser publicadas sino simplemente para ayudarme a aclarar mis pensamientos. Escribí:

Empiezo a pensar que la clave más importante para la motivación humana es la autoestima. Sin embargo, aparentemente nadie escribe ni habla de ella. Quiero llegar a comprender:

a) ¿Qué es la autoestima?

b) ¿De qué depende?

c) ¿Por qué su presencia o ausencia marca una diferencia tan enorme en la vida de las personas?

d) ¿Cómo puedo comprobarla?

Cuando fui por primera vez a la biblioteca en busca de información sobre el tema, apenas encontré alguna. Los índices de los libros de psicología no mencionaban la palabra. Sigmund Freud había sugerido que la causa del poco «amor propio» era que el niño descubría que no podía tener relaciones sexuales con su madre o padre y esto conducía al sentimiento de impotencia: «No puedo hacer nada». Esta explicación no me pareció persuasiva ni iluminadora.

Alfred Adler sugirió que todos experimentamos desde el comienzo sentimientos de inferioridad porque, en primer lugar, venimos al mundo con alguna desventaja física o «inferioridad orgánica», y luego, porque los demás (es decir, los adultos o los hermanos mayores) son más grandes y fuertes. En otras palabras, nuestro problema es que no nacemos siendo adultos maduros perfectamente formados. Esto tampoco me resultó útil.

Algunos psicoanalistas escribieron acerca de la autoestima, pero en términos muy diferentes de lo que yo entiendo por el concepto, así que prácticamente era como si estuvieran estudiando otro tema.

Mi primer esfuerzo importante por tratar los temas e interrogantes que presenta la autoestima lo constituye el libro *La psicología de la autoestima,* que escribí en los años sesenta y se publicó en 1969. (Siento la satisfacción y el orgullo de decir que la 27ª edición está funcionando muy bien.)

Culturalmente, la autoestima cobró fuerza en la década de los ochenta. No sólo empezaron a publicarse cada vez más libros que hacían referencia a la palabra y se extendían sobre el tema en grado diverso, sino que comenzaron a aparecer estudios más científicos. Sin embargo, aún hoy no hay consenso en cuanto a qué significa el término.

A fines de los años 80 no se podía encender el televisor en Estados Unidos sin escuchar frases como: «¡Me ha dejado plantado y mi autoestima se ha hecho pedazos!» o «¿Cómo has podido dejar que te trate así? ¿Dónde está tu autoestima?». En una popular película histórica sobre el amor y la seducción en la aristocracia francesa, escuchamos el anacronismo de que un personaje le dijera a otro algo así como: «Te quise desde el primer momento en que te vi. Mi autoestima me lo exigía».

Si en un principio el desafío fue lograr que se comprendiera la importancia de la autoestima, hoy el peligro es que la idea se vuelva trivial. Si esto sucediera, la tragedia es que las personas dejarían de comprender su importancia.

## El valor de una definición precisa

Es de gran importancia comprender que la autoestima tiene un significado específico. Sería poco sensato desechar las definiciones afirmando que son sólo una cuestión de semántica o la preocupación por la exactitud tildándola de pedantería. El valor de una definición precisa es que nos permite distinguir un aspecto particular de la realidad de todos los demás, de tal forma que podamos pensar y trabajar con él con claridad y concentración. Si queremos saber de qué depende la autoestima, cómo fomentarla en nuestros hijos, respaldarla en las escuelas, alentarla en las organizaciones, fortalecerla en la psicoterapia o desarrollarla en nosotros mismos, necesitamos saber precisamente a dónde apuntamos. *No daremos en un blanco que no podemos ver.*

Si nuestra idea al respecto es vaga, los medios que adoptemos reflejarán esta vaguedad. Si nuestro entusiasmo por la autoestima no se combina con un apropiado rigor intelectual, corremos el riesgo no sólo de no obtener resultados valiosos, sino también de desacreditar la materia.

Por desgracia, casi todos los que leen sobre el tema proponen una definición diferente. Éste es uno de los problemas de la investigación. Se miden distintas características o atributos, pero a todos se los denomina colectivamente «autoestima». Examinaremos algunas definiciones representativas para aclarar más mi enfoque.

## Primer intento de definir la autoestima

El «padre» de la psicología norteamericana es William James, y en su libro *Principles of Psychology,* cuya primera edición se publicó en 1890, hallamos el primer intento que conozco de definir la autoestima.

> Yo, que para la época he arriesgado todo para ser psicólogo, me siento mortificado si otros saben mucho más sobre psicología que yo. Pero me alegra revolverme en la más grande ignorancia de la lengua griega. Mis deficiencias en esta materia no me producen ninguna sensación de humillación personal. Si tuviera «pretensiones» de ser lingüista se habría producido el efecto inverso [...] Sin intento no puede haber fracaso; sin fracaso no hay humillación. Lo que sentimos con respecto a nosotros mismos en este mundo depende enteramente de lo que apostemos ser y hacer. Está determinado por la proporción entre nuestra realidad y nuestras supuestas potencialidades; una fracción en la cual el denominador son nuestras pretensiones y el numerador, nuestro éxito: por lo tanto,

$$\text{Autoestima} = \frac{\text{Éxito}}{\text{Pretensiones}}$$

Dicha fracción puede aumentarse tanto disminuyendo el denominador como aumentando el numerador.

Lo primero que James nos dice sobre sí mismo es que basa su autoestima en cómo se compara con los demás en cualquier tema que elige. Si nadie más puede estar a la par de su pericia, su autoestima queda satisfecha. Si alguien lo supera, se destruye. Nos está diciendo que en cierto sentido coloca su autoestima a merced de los demás. En su vida profesional, esto le genera el interés creado de rodearse de inferiores; le da razones para temer al talento en lugar de acogerlo, admirarlo y complacerse con él. Ésta no es la fórmula para una autoestima positiva sino una receta para la ansiedad.

Atar nuestra autoestima a cualquier factor fuera de nuestro control volitivo, tal como las elecciones o acciones ajenas, es provocar angustia. La tragedia de muchas personas es que se juzgan a sí mismas de esta manera.

Si «autoestima equivale a éxito dividido por pretensiones», entonces, como señala James, puede protegerla aumentando el propio éxito o bajando las propias pretensiones. Esto significa que una persona que no aspira a nada, ni en el trabajo ni en su carácter, y lo logra, y una persona triunfadora y con carácter son iguales en autoestima. No creo que alguien que preste atención al mundo real llegue a esta conclusión. Las personas que tienen tan escasas aspiraciones que las satisfacen de forma impensada y sin esfuerzo no sobresalen por su bienestar psicológico.

Lo bien que vivamos de acuerdo con nuestros estándares y valores personales (que James desafortunadamente denomina «pretensiones») tiene un claro peso para nuestra autoestima. El valor de la discusión del tema en James es que atrae la atención hacia este hecho. Pero es un hecho que no puede comprenderse correctamente en un vacío, como si el *contenido* de nuestros estándares y valores fuera irrelevante y no hubiera nada más que la fórmula neutra que propone. Literalmente, no es tanto una definición de la autoestima como una afirmación en cuanto a cómo cree que se determina el nivel de ésta, no en algunos individuos desafortunados, sino en todos.

## Contribución de Stanley Coopersmith

Uno de los mejores libros que se han escrito sobre la autoestima es *The Antecedents of Self-Esteem*, de Stanley Coopersmith. Su investigación sobre la contribución de los padres sigue siendo incalculable. Escribe:

> Entendemos por autoestima la evaluación que efectúa y generalmente mantiene el individuo con respecto a sí mismo. Expresa una actitud de aprobación o desaprobación e indica en qué medida el individuo se cree capaz, importante, digno y con éxito. En resumen, la autoestima es un juicio *personal* de dignidad, que se expresa en las actitudes del individuo hacia sí mismo.

Esta afirmación representa un gran paso adelante con respecto a James. Se acerca mucho más a lo que es nuestra experiencia de la autoestima. Sin embargo, aún plantea interrogantes y los deja sin responder.

«Capaz», ¿de qué? Todos somos capaces en algunas áreas y en otras no. ¿Capaces en cuanto a cualquier tarea que emprendamos? Entonces, ¿toda falta de competencia adecuada debe disminuir la autoestima? No creo que Coopersmith quisiera sugerir esto, pero la idea queda flotando en el aire.

«Importante», ¿qué significa esto? ¿Importante en qué sentido? ¿A los ojos de los otros? ¿De quiénes? ¿Con respecto a qué estándares?

«Digno», ¿de qué? ¿Felicidad? ¿Dinero? ¿Amor? ¿Cualquier cosa que desee el individuo? Tengo la sensación de que Coopersmith entendía por «digno» algo bastante parecido a mi propia definición en el prefacio de este libro, pero no lo dice.

«Con éxito», ¿quiere decir éxito mundano?, ¿económico?, ¿profesional?, ¿social?, ¿con respecto a qué? Obsérvese que no dice que la autoestima contenga la idea de que el éxito (en principio) es *apropiado*; dice que contiene la idea de *verse a uno mismo* con éxito, que es completamente diferente y tiene consecuencias complicadas.

### Intentos más recientes de definir la autoestima

Richard L. Bednar, M. Gawain Wells y Scott R. Peterson ofrecen otra definición en su libro *Self-Esteem: Paradoxes and Innovations in Clinical Theory and Practice*:

> Definimos la autoestima como un sentido subjetivo de autoaprobación realista. Refleja cómo el individuo ve y valora al uno mismo en los niveles fundamentales de la experiencia psicológica [...] Entonces, la autoestima es fundamentalmente un sentido perdurable y afectivo del valor personal basado en una autopercepción exacta.

«Aprobación», ¿con respecto a qué? ¿A todo el uno mismo, desde el aspecto físico hasta las acciones y la actividad intelectual? No nos lo dicen. «Ve y valora al uno mismo», ¿en cuanto a qué temas o criterios? «Un sentido perdurable y afectivo del valor personal, ¿qué significa esto? Sin embargo, lo que me gusta de esta definición es la observación de que la autoestima genuina está basada en la realidad.

Una de las definiciones de autoestima más ampliamente difundidas es la que se da en *Toward a State of Esteem: The Final Report of the California Task Force to Promote Self and Personal and Social Responsibility*:

> La autoestima se define como: apreciar mi propio mérito e importancia y tener el carácter para responder por mí mismo y actuar de forma responsable con los demás.

En esta definición hallamos la misma falta de especificidad que en las otras: ¿«mérito e importancia» *con respecto a qué?*

La afirmación de la Task Force tiene otro problema: introduce en la definición algo que obviamente es una *fuente* básica de la buena autoestima (es decir, responder por uno mismo y actuar responsablemente con los demás). Una definición de un estado psicológico ha de decirnos qué *es* un estado, no cómo alcanzarlo. ¿Querían las personas que propusieron ésta que comprendiéramos que si no actuamos responsablemente con los demás no poseeremos una autoestima positiva? Si así fuera, probablemente tendrían razón; pero ¿forma eso parte de la definición, o es otro tema? (Casi con certeza, la que nos proponen está influida por consideraciones «políticas», no científicas: asegurar a las personas que los campeones de la autoestima no fomentan un «egoísmo» mezquino e irresponsable.)

Finalmente, entre quienes estudian la autoestima están los que anuncian que «autoestima significa: "Soy capaz y digno de ser querido"».

Nuevamente debemos preguntar: «¿"Capaz" de qué?». Soy un gran esquiador, un brillante abogado y un *chef* de primera categoría. Sin embargo, no me siento competente para evaluar independientemente los valores morales que me enseñó mi madre. Siento: ¿quién soy yo para saber? En tal caso, ¿soy «capaz»? ¿Tengo autoestima?

En cuanto a ser «digno de ser querido»: sí, este sentimiento es una de las características de la buena autoestima. También lo es sentirse digno de ser feliz y de tener éxito. ¿Es sentirse digno de ser querido más importante? Evidentemente sí, ya que no se mencionan los otros dos puntos. *¿Por qué razón?*

¿Estoy sugiriendo que la definición de autoestima que yo doy está escrita en piedra y nunca podrá perfeccionarse? De ninguna manera. Las definiciones están en un contexto; se relacionan con un determinado nivel de conocimiento; a medida que crece el conocimiento, tienden a convertirse en más precisas. Todavía puedo descubrir, en el curso de mi vida, una forma mejor, más clara y exacta de captar la esencia del concepto. O puede hacerlo otra persona. Pero dentro del contexto del conocimiento que hoy poseemos, no se me ocurre un enunciado alternativo que identifique con más precisión el aspecto único de la experiencia humana que denominamos autoestima.

## El propósito de este libro

El propósito de este libro no es tratar exhaustivamente el gran tema de lo que podemos hacer para curar o reconstruir una autoestima dañada, sino fundamentalmente explorar qué *es* la autoestima.

Éste es el punto de partida necesario. Si bien actualmente se habla mucho del tema, no hay una comprensión compartida del significado de la autoestima o de las razones por las cuales es tan importante para nuestro bienestar. Éstos son los temas básicos sobre los que escribo en estas páginas.

En el primer apartado propongo al lector observar el poderoso rol que juega la autoestima para todos nosotros en las elecciones y decisiones clave que dan forma a nuestras vidas. Exploro qué significa autoestima, desarrollo una definición de la palabra y doy mis razones con el propósito de aclarar las que considero concepciones erróneas, y digo por qué surge la necesidad de la autoestima en nuestra especie.

En el segundo apartado describo la buena autoestima e indico las operaciones mentales de las que ésta depende. En el tercero señalo la diferencia entre pseudoautoestima y auténtica autoestima.

Los primeros tres apartados son la adaptación de una charla que di en Asker/Oslo, Noruega, en la Primera Conferencia Internacional sobre Autoestima, en el verano de 1990.

En el cuatro efectúo varias observaciones acerca de las fuentes de la autoestima positiva, en la medida en que depende de nuestras propias elecciones y comportamiento.

En el quinto trato la aplicación de los principios de la autoestima al lugar de trabajo.

Finalmente, en el sexto apartado efectúo recomendaciones para un estudio más amplio. Si éste es el primer libro que lee sobre la autoestima, este apartado le sugiere qué podría leer después. Espero que desee ir más allá y aprender más acerca de la autoestima, ya que, como digo al principio del libro, de todos los juicios que emitimos en la vida, ninguno es más importante que el juicio que emitimos sobre nosotros mismos.

*La propia imagen es el destino.*

# ¿Qué es la autoestima?

La mayoría de nosotros somos hijos de familias disfuncionales.

No quiero decir que la mayoría de nosotros hayamos tenido padres alcohólicos o que nos hayan maltratado o hayan abusado sexualmente de nosotros o que hayamos crecido en una atmósfera de violencia física. Lo que afirmo es que la mayoría de nosotros pertenecemos a hogares caracterizados por señales contradictorias, negaciones de la realidad, mentiras de los padres y falta de respeto adecuado a nuestra mente y persona. Hablo del hogar *promedio.*

Recuerdo que un día discutí este tema con la distinguida terapeuta familiar Virginia Satir, que me dio un exquisito y asombroso ejemplo del tipo de locura con la que crecimos muchos de nosotros.

Imagine, me dijo, una escena de una niña, una madre y un padre.

Al ver una mirada de desdicha en el rostro de su madre, la niña pregunta: «¿Qué te pasa, mamá? Pareces triste.»

Su madre responde, con la voz tensa y seca: «Nada. Estoy bien.»

Luego el padre dice, irritado: «¡No molestes a tu madre!»

La niña mira alternativamente a ambos, completamente perpleja, sin poder comprender la reprimenda. Comienza a llorar. La madre le grita al padre: «¡Mira lo que has hecho!»

Me gusta este relato porque es muy común. Analicémoslo más detenidamente.

La niña percibe correctamente que algo perturba a su madre y responde apropiadamente. La madre actúa invalidando la percepción (correcta) de la realidad de la niña: miente. Tal vez lo hace con el deseo equivocado de «proteger» a su hija o quizá porque ella misma no sabe cómo tratar su desdicha. Si hubiera dicho: «Sí, mamá está algo triste, gracias por notarlo», habría convalidado la percepción de la niña. Al reconocer su propia desdicha simple y abiertamente, habría reafirmado la compasión de la niña y enseñado algo importante sobre una actitud sana hacia el dolor: le habría quitado fatalidad al dolor.

El padre, tal vez para «proteger» a la madre o quizá por sentir culpa porque tiene que ver con la causa de la tristeza de la madre, reprende a la niña, aumentando la confusión de la situación. Si la madre no está triste, ¿por qué molestaría una simple pregunta? Si está triste, ¿por qué es incorrecto preguntar y por qué miente la madre? Ahora, para aturdir más a la niña, la madre le grita al padre, reprochándole que haya reprendido a la niña. Contradicciones agravadas, incongruencias sobre incongruencias. ¿Cómo puede la niña comprender la situación?

La niña puede correr, buscando frenéticamente algo qué hacer o con qué jugar, intentando borrar todo recuerdo del incidente lo más rápidamente posible, reprimiendo sentimientos y percepciones. Y si la niña huye hacia la inconsciencia para escapar de la sensación de terror que produce el estar atrapada en una pesadilla, ¿culparemos a sus bien intencionados padres por comportarse de forma tal que la inducen a sentir que ver es peligroso y que la ceguera es segura?

## Una historia sin culpables

Una historia común sin culpables. Nadie imaginaría que los padres estén motivados por intenciones destructivas. Pero al optar por negar la simple realidad, le dan a la niña la impresión de que vive en un mundo incomprensible donde la percepción no es confiable y el pensamiento es fútil. Multiplique ese incidente por mil, más o menos similares. Probablemente la niña no recuerde ninguno años más tarde, pero todos tendrán, casi con certeza, un impacto acumulativo en su desarrollo. (¿No hemos pasado la mayoría de nosotros por experiencias similares?)

Si la niña deduce que su mente es impotente, o que su potencia es dudosa, ¿cómo puede desarrollar una buena autoestima? Y sin ella, ¿cómo afrontará la vida?

## Nuestra autoestima la determinan factores complejos

No quiero decir que la forma como nos traten nuestros padres determina el nivel de nuestra autoestima. El tema es más complejo. Tenemos un decisivo rol propio que cumplir. La noción según la cual somos simplemente peones formados y determinados por nuestro medio no puede sustentarse científica ni filosóficamente. Somos agentes causales por derecho propio; competidores activos en el drama de nuestras vidas; creadores y no simplemente individuos que reaccionan o responden.

Sin embargo, es evidente que el medio familiar puede producir un profundo impacto para bien o para mal. Los padres pueden alimentar la confianza y el amor propio o colocar enormes obstáculos en el camino del aprendizaje de tales actitudes; transmitir que creen en la capacidad y bondad de su hijo o bien lo contrario; crear un ambiente en el cual el niño se sienta seguro, o uno de terror; fomentar el surgimiento de una buena autoestima o hacer todo lo concebible para subvertirla.

## Obstáculos para el crecimento de la autoestima

Los padres crean importantes obstáculos para el crecimiento de la autoestima de su hijo cuando:

- Transmiten que el niño no es «suficiente».
- Le castigan por expresar sentimientos «inaceptables».
- Le ridiculizan o humillan.
- Transmiten que sus pensamientos o sentimientos no tienen valor o importancia.
- Intentan controlarle mediante la vergüenza o la culpa.
- Le sobreprotegen y en consecuencia obstaculizan su normal aprendizaje y creciente confianza en sí mismo.
- Educan al niño sin ninguna norma, sin una estructura de apoyo, o con normas contradictorias, confusas, indiscutibles y opresivas. En ambos casos inhiben el crecimiento normal.
- Niegan la percepción de su realidad e implícitamente le alientan a dudar de su mente.
- Tratan hechos evidentes como irreales, alterando así el sentido de racionalidad del niño; por ejemplo, cuando un padre alcohólico se tambalea hasta la mesa, no acierta a sentarse en la silla y cae al suelo mientras la madre continúa comiendo o hablando como si nada hubiera sucedido.
- Aterrorizan al niño con violencia física o con amenazas, inculcando agudo temor como característica permanente en el alma del niño.
- Tratan a un niño como objeto sexual.
- Le enseñan que es malvado, indigno o pecador por naturaleza.

Hoy millones de hombres y mujeres que han tenido experiencias similares en la infancia buscan cómo curar sus heridas. Reconocen que han ingresado a la vida adulta con una desventaja: un déficit de autoestima. Cualesquiera que sean las palabras que utilicen para describir el problema, saben que sufren algún sentido inefable de no ser «suficiente», o algún sentimiento perturbador de vergüenza o culpa, o una desconfianza generalizada en sí mismos, o un sentimiento difuso de indignidad. Sienten su falta *aun cuando no sepan con precisión qué es la autoestima*, y menos aún cómo alimentarla o fortalecerla en su interior.

## Una definición de autoestima

Los psicoterapeutas o maestros intentamos avivar una chispa en aquellos con quienes trabajamos, ese sentido innato de autovalía que presumiblemente es nuestro derecho al nacer. Pero esa chispa es sólo la antesala de la autoestima. Si hemos de ser justos con las personas con quienes trabajamos, necesitamos ayudarlas a desarrollar ese sentido de autovalía hasta alcanzar la experiencia plena de la autoestima.

La autoestima es la experiencia de ser aptos para la vida y para sus requerimientos. Más concretamente consiste en:

1. Confianza en nuestra capacidad de pensar y de afrontar los desafíos de la vida.
2. Confianza en nuestro derecho a ser felices, el sentimiento de ser dignos, de merecer, de tener derecho a afirmar nuestras necesidades y a gozar de los frutos de nuestros esfuerzos.

## Una poderosa necesidad humana

La autoestima es una necesidad muy importante para el ser humano. Es básica y efectúa una contribución esencial al proceso de la vida; es indispensable para el desarrollo normal y sano; tiene valor de supervivencia.

El no tener una autoestima positiva impide nuestro crecimiento psicológico. Cuando se posee actúa como *el sistema inmunológico de la conciencia*, dándole resistencia, fortaleza y capacidad de regeneración. Cuando es baja, disminuye nuestra resistencia frente a las adversidades de la vida. Nos derrumbamos ante vicisitudes que un sentido más positivo del uno mismo podría vencer. Tendemos a estar más influidos por el deseo de evitar el dolor que de experimentar la alegría. Lo negativo ejerce más poder sobre nosotros que lo positivo.

## Adicción y autoestima

Estas observaciones nos ayudan a comprender las adicciones. Cuando nos volvemos adictos al alcohol o a las drogas o a relaciones destructivas, la intención inconsciente es invariablemente aliviar la ansiedad y el dolor. Nos volvemos adictos a tranquilizantes y calmantes. Los «enemigos» de los que intentamos huir son el temor y el dolor. Cuando los medios elegidos no funcionan y empeoran nuestros problemas, nos vemos impulsados a tomar cada vez más del veneno que nos está matando.

Los adictos no son *menos* temerosos que otros seres humanos, lo son *más*. Su dolor no es más leve, es más severo. Al igual que no podemos comprar la felicidad con relaciones nocivas, tampoco podemos conseguir nuestra autoestima con la bebida o la droga porque son prácticas que evocan odio hacia uno mismo.

Si no creemos en nosotros mismos —ni en nuestra capacidad ni en nuestra bondad— el universo es un lugar atemorizante.

## Valorarnos a nosotros mismos

Esto no significa que necesariamente seamos incapaces de alcanzar valores reales. Algunos poseemos el talento y el impulso para lograr mucho, a pesar de poseer una autoimagen pobre: por ejemplo, el adicto al trabajo altamente productivo que se siente impulsado a probar sus méritos a, digamos, un padre que predijo que no llegaría a nada. Pero sí significa que seremos menos eficaces —menos creativos— de lo que podemos llegar a ser, y significa que nos veremos impedidos de gozar de nuestros logros. Nada de lo que hagamos nos parecerá «suficiente».

Si tenemos confianza objetiva en nuestra mente y valor, si nos sentimos seguros de nosotros mismos, es probable que pensemos que el mundo está abierto para nosotros y que respondemos apropiadamente a los desafíos y oportunidades. La autoestima fortalece, da energía, motiva. Nos impulsa a alcanzar logros y nos permite complacernos y enorgullecernos de nuestros logros: experimentar satisfacción.

En medio de su entusiasmo, algunos autores parecen sugerir que lo único que necesitamos para asegurar la felicidad y el éxito es un sentido positivo de autovalía. El tema es más complejo.

Tenemos más de una necesidad y no hay una solución única a todos los problemas de nuestra existencia. Un sentido bien desarrollado del uno mismo es una condición necesaria pero no suficiente para nuestro bienestar. Su presencia no garantiza satisfacción, pero su falta produce indefectiblemente algún grado de ansiedad, frustración, desesperación.

La autoestima se proclama como necesidad en virtud de que su ausencia (relativa) traba nuestra capacidad para funcionar. Por eso decimos que tiene valor de supervivencia.

Y nunca más que hoy. Hemos llegado a un momento de la historia en que la autoestima, que siempre ha sido una necesidad psicológica sumamente importante, se ha convertido también en una necesidad económica de la misma importancia, atributo imperativo para adaptarnos a un mundo cada vez más complejo, competitivo y lleno de desafíos.

## Recursos psicológicos para el futuro

La evolución de una sociedad industrial a una de información, del trabajo físico al mental como actividad predominante del trabajador y el surgimiento de una economía global caracterizada por el cambio rápido, por acelerados adelantos científicos y tecnológicos y por un nivel de competitividad sin precedentes, crean demandas de niveles más elevados de educación y capacitación de los que se exigían a las generaciones anteriores. Todas las personas que tienen relación con la cultura empresarial lo saben. Pero lo que no se comprende con la misma facilidad es que estos avances crean también nuevas demandas a nuestros recursos psicológicos.

Estos desarrollos exigen específicamente una mayor capacidad de innovación, autonomía, responsabilidad personal e independencia. Esto no se exige sólo «arriba» sino en todos los niveles de una empresa, desde la gerencia hasta los encargados y aun los operarios.

Una empresa moderna ya no pueden dirigirla algunas personas que piensan y muchas personas que hacen lo que se les indica (el modelo tradicional de orden y control militar). Hoy las organizaciones necesitan no sólo un nivel extraordinariamente elevado de conocimientos y aptitudes en todas las personas que participan, sino también de autonomía personal, confianza en sí mismo y la capacidad de tener iniciativa; en una palabra, autoestima. Esto significa que en la actualidad se necesita, por motivos económicos, un gran número de personas con un nivel moderado de autoestima. Históricamente éste es un fenómeno nuevo. (La importancia de la autoestima en el lugar de trabajo se trata in extenso en el capítulo 4.)

## Las elecciones inteligentes requieren autoestima

En un mundo en el que hay más elecciones y opciones que nunca y en el que nos enfrentamos con posibilidades ilimitadas en cualquier dirección hacia donde miremos, necesitamos un nivel más elevado de autonomía. Esto implica una mayor necesidad de ejercer un juicio independiente, de cultivar nuestros propios recursos y de asumir responsabilidades sobre las elecciones, valores y acciones que dan forma a nuestras vidas; una mayor necesidad de confiar, de creer en nosotros mismos desde un punto de vista objetivo.

*Cuantas más elecciones y decisiones necesitemos tomar conscientemente, más urgente será nuestra necesidad de autoestima.*

En la medida en que confiemos en la eficacia de nuestras mentes —en nuestra capacidad de pensar, aprender, comprender— tenderemos a perseverar cuando nos enfrentemos a desafíos difíciles o complejos. Si somos constantes, seguramente obtendremos más triunfos que fracasos confirmando y reafirmando así nuestro sentido de eficacia. Por el contrario, cuanto más dudemos de la eficacia de nuestras mentes y desconfiemos de nuestro pensamiento, en vez de perseverar seguramente nos rendiremos. En consecuencia, será más frecuente el fracaso que el triunfo, con lo que confirmaremos nuestra autoevaluación negativa.

La autoestima positiva busca objetivos exigentes que la estimulen y el lograrlos la alimenta. La baja autoestima busca la seguridad de lo conocido y poco exigente; limitarse a ello debilita la autoestima.

Cuanto más alta sea nuestra autoestima, mejor equipados estaremos para enfrentarnos a la adversidad en nuestras profesiones y en nuestras vidas personales; cuanto más rápido nos levantemos después de una caída, más energía tendremos para comenzar de nuevo; seremos más ambiciosos, no necesariamente en sentido profesional o económico, sino en cuanto a lo que esperamos experimentar en la vida: emocional, creativa, espiritualmente. Cuanto más baja es nuestra autoestima, a menos aspiramos y menos logros obtenemos. Los dos caminos tienden a reafirmarse y a perpetuarse.

Si nuestra autoestima es alta, más dispuestos estamos a entablar relaciones positivas y a rechazar las nocivas. Los similares se atraen, la salud atrae a la salud y la vitalidad y la apertura a los otros son naturalmente más atractivas para las personas con una autoestima positiva que la vacuidad y la dependencia.

## Atracción hacia aquellos cuyo nivel de autoestima está a la par del nuestro

Según un importante principio de las relaciones humanas, tendemos a sentirnos más cómodos, más «como en casa», con personas cuyo nivel de autoestima es similar al nuestro. Los individuos con una autoestima alta tienden a ser atraídos por individuos con alta autoestima. Los individuos que la poseen de un nivel medio lo son por aquellos con autoestima media. La baja autoestima busca baja autoestima en los demás. Las relaciones más desastrosas son aquellas que se dan entre dos personas que se subestiman; la unión de dos abismos no formará una cima.

Recuerdo a una mujer a quien traté en una ocasión que creció sintiendo que era «mala» e indigna de cariño, respeto o felicidad. Como era previsible, contrajo matrimonio con un hombre que «sabía» que no era digno de ser querido y que se sentía consumido por el odio hacia sí mismo. Se protegía tratando a los demás con crueldad antes de que ocurriera lo inverso. Ella no se quejaba de sus malos tratos, ya que «sabía» que ése era su destino. A él no le sorprendió que ella se alejara cada vez más, ya que «sabía» que nadie podría quererlo nunca.

Habían pasado veinte años de tortura juntos, «probando» cuánta razón tenían con respecto a sí mismos y a la vida. Cuando le comenté a la esposa que ella no había sido muy feliz, me miró asombrada y me preguntó: «¿Acaso las personas son realmente felices?».

Cuanto más alta es nuestra autoestima, más inclinados estamos a tratar a los demás con respeto, benevolencia, buena voluntad y justicia, ya que no tendemos a percibirlos como una amenaza y el respeto a nosotros mismos es la base del respeto a los demás.

## La bomba de relojería de una baja autoestima

Si bien una autoestima inadecuada puede limitar en gran medida las aspiraciones y logros de un individuo, las consecuencias del problema no son necesariamente tan obvias. A veces las consecuencias se presentan de forma más indirecta. La bomba de relojería de una baja autoimagen puede funcionar silenciosamente durante años mientras un individuo, impulsado por una pasión por el éxito y aplicando una auténtica capacidad, asciende más y más en su profesión. Ansioso por brindar demostraciones más profusas de su destreza y sin una necesidad real, comienza a trabajar más descuidadamente, moral y/o legalmente. Luego comete delitos más flagrantes, diciéndose que está «más allá del bien y del mal», como si desafiara al destino a que lo hunda. Sólo al final, cuando su vida y su profesión caen en la desgracia y la ruina, podemos ver durante cuántos años ha estado avanzando inexorablemente hacia el último acto de un guión de vida inconsciente que puede haber comenzado a escribir cuando tenía 3 años.

## Autoeficacia y autodignidad

La *autoestima* tiene dos aspectos interrelacionados:

1. Un sentido de eficacia personal (autoeficacia).
2. Un sentido de mérito personal (autodignidad).

Como experiencia psicológica realizada plenamente, es la suma integrada de estos dos aspectos.

*Autoeficacia* significa confianza en el funcionamiento de mi mente, en mi capacidad de pensar, en los procesos por los cuales juzgo, elijo, decido; confianza en mi capacidad de comprender los hechos de la realidad que entran en la esfera de mis intereses y necesidades; confianza cognoscitiva en mí mismo.

*Autodignidad* quiere decir seguridad de mi valor; una actitud afirmativa hacia mi derecho de vivir y de ser feliz; comodidad al expresar apropiadamente mis pensamientos, deseos y necesidades; sentir que la alegría es mi derecho natural.

Partamos de la premisa de que si un individuo se sintiera inepto para enfrentar los desafíos de la vida, si careciera de la confianza fundamental en sí mismo, en su mente, reconoceríamos una deficiencia de autoestima, sin importar qué otras ventajas poseyera. O si careciera de un sentido básico de autodignidad, se sintiera indigno del amor o respeto de los demás, sin derecho a la felicidad, temeroso de expresar pensamientos, deseos o necesidades, nuevamente reconoceríamos una deficiencia de autoestima, sin importar qué otros atributos positivos exhiba.

## Los pilares duales de la autoestima

Autoeficacia y autodignidad son los pilares duales de la autoestima positiva. La falta de cualquiera de ellos la menoscaba. Son las características que definen al término debido a que son fundamentales. No representan significados derivados o secundarios sino la esencia de la autoestima.

La experiencia de la *autoeficacia* genera el sentido de control sobre la propia vida, que asociamos con el bienestar psicológico, la sensación de estar en el centro vital de la propia existencia, a diferencia de ser un espectador pasivo o víctima de los acontecimientos.

40

La experiencia de la *autodignidad* posibilita un sentido benevolente no neurótico de comunidad con otros individuos, la fraternidad de la independencia y la consideración mutua, a diferencia del aislamiento del resto de los humanos, por un lado, o del hundimiento en la tribu, por el otro.

Dentro de una persona, habrá fluctuaciones inevitables en los niveles de autoestima, así como las hay en todos los estados psicológicos. Necesitamos pensar en términos del *nivel promedio de autoestima* de una persona.

## ¿Cómo experimentamos nuestra autoestima?

Si bien a veces hablamos de la autoestima como de una convicción sobre uno mismo, es más exacto hablar de una predisposición a experimentarse de una manera particular. ¿De qué manera? Recapitulando:

1. Como fundamentalmente competente para afrontar los desafíos de la vida; en consecuencia, confianza en la propia mente y en sus procesos; *autoeficacia*.
2. Como digno de éxito y felicidad; en consecuencia, la percepción de nosotros mismos como personas para quienes el logro, el éxito, el respeto, la amistad y el amor son apropiados; *autodignidad*.

## Una definición formal de autoestima

Resumiendo en una definición formal: *La autoestima es la predisposición a experimentarse como competente para afrontar los desafíos de la vida como merecedor de felicidad.*

Obsérvese que esta definición no especifica las influencias del ambiente durante la infancia que sustentan la autoestima positiva (por ejemplo, seguridad física, educación, etcétera), ni los generadores internos posteriores (por ejemplo, vivir consciente, responsablemente con respecto a sí mismo, etcétera), ni las consecuencias emocionales o de comportamiento (por ejemplo, compasión, deseo de ser responsable, etcétera). *Simplemente identifica a qué se refiere y en qué consiste la autoevaluación.*

¿Estoy sugiriendo que la definición de autoestima que doy no puede perfeccionarse? De ninguna manera. Las definiciones están en un contexto. Se relacionan con un determinado nivel de conocimiento; a medida que el conocimiento crece, tienden a tornarse más precisas. Todavía puedo, en el curso de mi vida, encontrar una forma mejor, más clara, más exacta, de captar la esencia del concepto. O puede hacerlo otra persona. Pero dentro del contexto del conocimiento que hoy poseemos, no se me ocurre un enunciado alternativo que identifique con más precisión el aspecto único de la experiencia humana que denominamos autoestima.

El concepto de «competencia» utilizado en mi definición es metafísico, no «occidental». Es decir, atañe a la naturaleza misma de las cosas, a nuestra relación fundamental con la realidad. No es el producto de una «opción por un valor» cultural en particular. No hay sociedad en la Tierra, ni siquiera puede concebirse una cuyos miembros no enfrenten los desafíos de satisfacer sus necesidades, de la adaptación apropiada a la naturaleza y al mundo de los seres humanos. La idea de eficacia en este sentido fundamental (que incluye la competencia en las relaciones humanas) no es un «artificio occidental», como se ha sugerido.

Nos engañamos a nosotros mismos si imaginamos que existe una cultura o sociedad en la cual no tengamos que enfrentarnos al desafío de adecuarnos a la vida.

# ¿Por qué necesitamos la autoestima?

Para comprender la autoestima debemos preguntarnos: ¿Por qué surge la necesidad de la autoestima?

La cuestión de la eficacia de la conciencia o de la dignidad de su ser no existe en los animales inferiores. Pero los seres humanos se preguntan: ¿Puedo confiar en mi mente? ¿Soy capaz de pensar? ¿Soy adecuado? ¿Soy suficiente? ¿Soy una buena persona? ¿Tengo integridad, es decir, hay congruencia entre mis ideales y mi práctica? ¿Soy digno de respeto, amor, éxito, felicidad? No es evidente por qué surgen estas preguntas.

Nuestra necesidad de autoestima es el resultado de dos hechos básicos, ambos inherentes a nuestra especie. El primero es que nuestra supervivencia y nuestro dominio del medio ambiente dependen del uso apropiado de nuestra conciencia. Nuestras vidas y bienestar dependen de nuestra capacidad de pensar. El segundo es que el uso correcto de nuestra conciencia no es automático, no está «construido» por la naturaleza. Existe un elemento crucial de elección en la regulación de su actividad y, por lo tanto, de responsabilidad personal.

## La mente es la herramienta básica de la supervivencia

Al igual que todas las demás especies capaces de tener conciencia, nuestra supervivencia y bienestar dependen de la guía de nuestra forma particular de conciencia, únicamente humana, nuestra facultad conceptual: la facultad de abstracción, generalización e integración.

A esta forma de conciencia la denomino *mente*. Su esencia es nuestra capacidad de razonar, que implica captar relaciones. Nuestras vidas y bienestar dependen de la ejercitación apropiada de nuestras mentes.

La mente es algo más que la conciencia explícita inmediata. Es una compleja arquitectura de estructuras y procesos. Abarca más que los procesos verbales lineales, analíticos, a veces popularmente descritos de forma confusa como actividad del «hemisferio izquierdo del cerebro». Abarca la totalidad de la vida mental, incluyendo lo subconsciente, lo intuitivo, lo simbólico, todo lo que a veces se asocia con el «hemisferio derecho». La mente es todo aquello por medio de lo cual nos abrimos al mundo y lo aprehendemos.

## El proceso de pensamiento

Aprender a cultivar verduras, construir un puente, aprovechar la electricidad, descubrir las posibilidades curativas de alguna sustancia, detectar recursos para elevar la productividad al máximo, descubrir posibilidades de producir riquezas donde antes no habían sido descubiertas, dirigir un experimento científico, crear: todo requiere un proceso de pensamiento. Responder apropiadamente a las quejas de un niño o un marido, reconocer que hay disparidad entre nuestro comportamiento y nuestros sentimientos, descubrir cómo afrontar el dolor y la ira de forma que curen y no destruyan: todo requiere un proceso de pensamiento.

Aun saber cuándo se deben abandonar los esfuerzos conscientes para resolver problemas y trasladar la tarea al subconsciente, cuándo detener el pensamiento consciente o cuándo prestar una atención más estrecha a los sentimientos o intuición (percepciones o integraciones subconscientes), todo requiere un proceso de pensamiento, un proceso de conexión racional.

## Pensar o no pensar: una elección

El problema y el desafío es que, aunque pensar sea una necesidad para una existencia con éxito, no estamos «programados» para hacerlo automáticamente. Podemos elegir.

No somos responsables del control de las actividades de nuestro corazón, pulmones, hígado o riñones. Forman todos parte del sistema autorregulador del cuerpo (aunque estamos empezando a aprender que podemos ejercer algún grado de control sobre estas actividades). Tampoco estamos obligados a supervisar los procesos homeostáticos por los cuales, por ejemplo, se mantiene una temperatura más o menos constante. La naturaleza ha diseñado los órganos y sistemas de nuestro cuerpo para funcionar automáticamente al servicio de nuestra vida sin nuestra intervención volitiva. Pero nuestra mente opera de forma diferente.

Nuestra mente no bombea conocimientos como nuestro corazón sangre, cuando y según se la necesite. No nos guía automáticamente a actuar según nuestro entendimiento del modo mejor, más racional e informado, aun cuando esto sería claramente beneficioso. No comenzamos a pensar «instintivamente» simplemente porque el no hacerlo, en una situación dada, se ha vuelto peligroso para nosotros.

La conciencia no se expande «de forma refleja» frente a lo nuevo y desconocido; por el contrario, a veces la contraemos. La naturaleza nos ha otorgado una extraordinaria responsabilidad: la opción de aumentar o disminuir la luz de la conciencia. Existen diversas opciones: buscar la conciencia, no intentar buscarla o eludirla activamente; pensar o no pensar. Ésta es la raíz de nuestra libertad y de nuestra responsabilidad.

## Podemos efectuar elecciones racionales o irracionales

Somos la única especie capaz de formular una visión de qué valores merecen perseguirse y luego elegir lo contrario. Podemos decidir que un curso de acción es racional, moral e inteligente y, tras ello, suspender la conciencia y realizar otra acción. Podemos controlar nuestro comportamiento y preguntarnos si es coherente con nuestro conocimiento, convicciones e ideales, y podemos, también, eludir plantearnos esa pregunta. La opción de pensar o no pensar.

Si sé que el alcohol es peligroso para mí y sin embargo bebo, primero debo apagar la luz de la conciencia. Si sé que la cocaína me ha costado mis últimos tres empleos y sin embargo elijo esnifarla, primero debo borrar mi conocimiento, debo negarme a ver lo veo y a saber lo que sé. Reconozco que tengo una relación que destruye mi dignidad, menoscaba mi autoestima y es peligrosa para mi bienestar físico. Si a pesar de ello escojo mantenerla, debo ahogar la conciencia, sofocar el cerebro y volverme funcionalmente estúpido. La autodestrucción es un acto que se realiza mejor en la oscuridad.

## Nuestras elecciones afectan nuestra autoestima

Las elecciones que realizamos en relación con las operaciones de nuestra conciencia tienen consecuencias importantes para nuestras vidas en general y para nuestra autoestima en particular.

Piense en el impacto sobre nuestras vidas y sobre nuestro sentido del uno mismo de las siguientes opciones:

Enfocar *versus* no enfocar.

Pensar *versus* no pensar.

Conciencia *versus* inconsciencia.

Claridad *versus* oscuridad o vaguedad.

Respeto a la realidad *versus* evasión de la realidad.

Respeto a los hechos *versus* indiferencia ante los hechos.

Respeto a la verdad *versus* rechazo de la verdad.

Perseverancia en el esfuerzo por comprender *versus* abandono del esfuerzo.

Lealtad a nuestras convicciones en la acción *versus* deslealtad: el tema de la integridad.

Honestidad con uno mismo *versus* deshonestidad.

Autoenfrentamiento *versus* autoevasión.

Receptividad a nuevos conocimientos *versus* aislamiento.

Predisposición a ver y corregir errores *versus* permanencia en el error.

Preocupación por la congruencia *versus* despreocupación por las contradicciones.

Razón *versus* irracionalidad; respeto a la lógica, coherencia y evidencia *versus* despreocupación o desafío de ellas.

Lealtad a la responsabilidad de la conciencia *versus* traición a dicha responsabilidad.

Si deseamos comprender las bases de la autoestima genuina, esta lista es un buen punto de partida.

Nadie podría sugerir seriamente que el sentido de nuestra competencia para afrontar el desafío de la vida o nuestro sentido de nuestra bondad puedan permanecer inalterados, a través del tiempo, según el patrón de nuestras elecciones con respecto a las opciones anteriores.

## Conciencia, responsabilidad, elecciones morales

La cuestión no es que las elecciones que realicemos «deberían» afectar nuestra autoestima, sino que, por nuestra naturaleza, *deben* afectarla. Si desarrollamos patrones de hábitos que nos incapacitan para funcionar con eficacia y que nos mueven a desconfiar de nosotros mismos, sería irracional sugerir que «deberíamos» seguir sintiéndonos tan eficaces y dignos como nos sentiríamos si nuestras elecciones hubieran sido mejores. Esto implicaría que nuestras acciones no tienen o no deberían tener ninguna relación con cómo nos sentimos con respecto a nosotros mismos. Una cosa es tomar la precaución de no identificarnos con un comportamiento particular; otra distinta es afirmar que no debería existir *ninguna* conexión entre la autoevaluación y el comportamiento.

Se perjudica a las personas si se les ofrecen nociones del tipo «siéntase bien» que disocian la autoestima de las cuestiones de conciencia, responsabilidad o elección moral.

El hecho de tener opciones como las descritas, de enfrentarnos a elecciones que no encontramos en ningún otro aspecto de la naturaleza, de ser la única especie capaz de traicionar y actuar contra nuestros medios de supervivencia, crea nuestra necesidad de autoestima, que es la necesidad de saber que estamos funcionando como lo exigen nuestra vida y nuestro bienestar.

# Autoestima y logro

La autoestima no es un don gratuito que sólo necesitamos pedir. Su posesión a través del tiempo representa un logro.

Para ser auténtica autoestima, la experiencia que estoy describiendo debe basarse en la realidad. Es algo más que una simple cuestión de «sentirse bien con uno mismo», un estado que, al menos temporalmente, puede conseguirse de diferentes maneras: desde tener relaciones sexuales placenteras hasta comprar un traje nuevo, recibir un cumplido, ingerir drogas. La autoeficacia y autodignidad genuinas nos exigen algo más que esto.

En la revista *Time* (del 5 de febrero de 1990) se publicó un artículo que expresaba:

El año pasado realizaron un examen de matemáticas niños de 13 años de seis países. Los coreanos obtuvieron las mejores calificaciones; los norteamericanos, las peores; entre ambos extremos estuvieron España, Irlanda y Canadá. Y aquí viene la mala noticia. Además de presentarles triángulos y ecuaciones, a los niños se les planteó la frase: «Soy bueno en matemáticas».

Los norteamericanos estuvieron en primer lugar, con un impresionante 68 por ciento a favor. Los estudiantes norteamericanos pueden no saber matemáticas, pero evidentemente han incorporado las lecciones del currículo de autoestima que últimamente está en boga, en el cual se enseña a los niños a sentirse bien consigo mismos.

Las críticas a los «currículos de autoestima» que efectúa el autor de este artículo se justifican dentro de los límites de esta comprensión ingenua y primitiva. En consecuencia, cuando escribo sobre autoeficacia y autodignidad, lo hago en el contexto de la realidad, no en el de los sentimientos generados por deseos o afirmaciones. Una de las características de las personas con autoestima positiva es que tienden a evaluar sus habilidades y logros de forma objetiva, sin negarlos ni exagerarlos.

¿Podría a un estudiante irle mal en la escuela y sin embargo tener una buena autoestima? Por supuesto. Existen diversas razones por las cuales un niño o niña puede no ir bien en la escuela, incluyendo la falta de desafíos y estimulación. Es difícil que las calificaciones sean un indicador fiable de la autoeficacia y autodignidad de un individuo. Pero, por lo general, los estudiantes con autoestima no se engañan a sí mismos diciéndose que les va bien cuando les va mal.

Las escuelas deberían introducir los principios y prácticas de la autoestima en sus currículos y, actualmente, hay algunos programas excelentes en vigencia. Pero no contribuimos al desarrollo sano de los jóvenes cuando decimos que la autoestima puede lograrse repitiendo «Soy especial» todos los días, acariciándose la mejilla y diciéndose «Me quiero», o identificando la autovalía con ser miembro de un grupo en particular («orgullo étnico»), en lugar de identificarla con el carácter personal.

En este último punto, recordemos que la autoestima corresponde a aquello que depende única y exclusivamente de nuestra elección volitiva. No puede estar en función de la familia en la que nacimos, o de nuestra raza o del color de nuestra piel, o de los logros de nuestros ancestros. Éstos son valores a los cuales a veces las personas se aferran para eludir la responsabilidad de lograr una autoestima auténtica. Son fuentes de lo que yo denomino «pseudoautoestima». ¿Se puede experimentar placer legítimo con alguno de estos valores? Por supuesto. ¿Pueden brindar apoyo provisional a egos frágiles y en desarrollo? Probablemente. Pero no reemplazan a la conciencia, responsabilidad o integridad. No son fuentes de autoeficacia o autodignidad. Incluso pueden convertirse en fuentes de autoengaño.

## Pero ¿es auténtica?

A veces vemos a personas que gozan de popularidad o de estima y que tienen una apariencia pública de seguridad; sin embargo, se sienten profundamente insatisfechas, ansiosas o deprimidas. Pueden proyectar la apariencia de autoestima, pero no poseerla en realidad. ¿Cómo podríamos comprenderlas?

Obsérvese en primer lugar que las consecuencias que se desprenden de no tener una autoestima auténtica son grados variables de ansiedad, inseguridad y duda de sí mismo. Ésta es la sensación de ser, en efecto, inapropiado para la existencia (aunque nadie piensa en estos términos, sí puedo creer que hay algo malo en mí). Este estado es sumamente doloroso. Y por ello intentamos evadirnos de él, negar nuestros temores, racionalizar nuestro comportamiento y fingir una autoestima que no poseemos. Podemos desarrollar lo que yo denomino «pseudoautoestima».

La *pseudoautoestima* es la ilusión de la autoeficacia y autodignidad sin la realidad. Es un medio no racional, una autoprotección para disminuir la ansiedad y brindar un falso sentido de seguridad, para aplacar nuestra necesidad de autoestima auténtica mientras nos permitimos eludir las causas reales de su falta. Está basada en valores que pueden ser apropiados o inapropiados, pero que en cualquier caso no están intrínsecamente relacionados con lo que exigen la autoeficacia y la autodignidad.

55

Por ejemplo, en lugar de buscar la autoestima a través de la conciencia, responsabilidad e integridad, podemos hacerlo a través de la popularidad, prestigio, adquisiciones materiales o proezas sexuales. En lugar de valorar la autenticidad personal, podemos valorar el hecho de pertenecer a los clubes adecuados, a la iglesia adecuada o al partido político adecuado. En vez de practicar la autoafirmación apropiada, podemos sustituirla por una lealtad ciega a un grupo en particular. En vez de buscar la autodignidad a través de la honestidad, podemos hacerlo a través de la filantropía. (Debo de ser una buena persona, realizo «buenas obras».) En lugar de luchar por obtener capacidad, podemos perseguir el «poder» de manipular o controlar a otras personas.

Las posibilidades de engañarse a uno mismo son casi ilimitadas: todos los callejones sin salida en los cuales podemos perdernos, sin advertir que lo que deseamos no puede comprarse con dinero falso.

La autoestima es una experiencia íntima; habita en mi alma. Es lo que yo pienso y siento respecto a mí mismo, no lo que otra persona piensa o siente respecto a mí. Este hecho tan simple cuesta muchísimo que se recalque lo suficiente, que quede bien claro.

Pueden quererme mi familia, mi pareja y mis amigos, y a pesar de ello no quererme yo mismo; puedo ser admirarado por mis socios y sin embargo considerarme indigno; proyectar una imagen de seguridad y aplomo que engañe prácticamente a todos y por el contrario temblar secretamente por sentirme inseguro e inadaptado; satisfacer las expectativas de los demás pero no satisfacer las propias; obtener todos los honores y sin embargo sentir que no he conseguido nada; ser adorado por millones de personas y aun así despertarme cada mañana con una enfermiza sensación de engaño y vacío.

Alcanzar el «éxito» sin alcanzar una autoestima positiva es condenarse a sentirse un impostor que espera ansiosamente ser descubierto.

## Aclamación no es autoestima

La aclamación de los demás no crea nuestra autoestima. Tampoco lo hacen el conocimiento, las aptitudes, las posesiones materiales, el matrimonio, la paternidad, los esfuerzos filantrópicos, las conquistas sexuales ni la cirugía plástica facial. Estas cosas pueden hacernos sentir mejor con nosotros mismos temporalmente o más cómodos en situaciones particulares. Pero la comodidad no es autoestima.

Desafortunadamente, los teóricos de la autoestima no son menos impermeables que cualquier otro a la adoración a falsos dioses. Recuerdo haber asistido a una conferencia de un hombre que imparte seminarios sobre la autoestima. Anunció que una de las mejores maneras de elevarla es rodearnos de personas que tengan un alto concepto de nosotros. Pensé en la pesadilla de la baja autoestima para las personas que están rodeadas de alabanzas y adulaciones, como es el caso de las estrellas de rock que no tienen idea de cómo llegaron a donde están y que no pueden sobrevivir un día sin drogas; en la futilidad de decirle a una persona que tiene un bajo concepto de sí mismo que se siente afortunada si cualquier persona la acepta, que la forma de elevar la autoestima es buscar sólo la compañía de admiradores.

Es mucho más inteligente buscar compañías que sean amigas en lugar de enemigas de nuestra autoestima. Las relaciones beneficiosas son más idóneas que las nocivas. Pero es peligroso ver en los demás una fuente primaria de autoestima: en primer lugar, porque no funciona; en segundo, porque corremos el riesgo de convertirnos en adictos a la aprobación, algo nefasto para el bienestar mental y emocional.

No deseo sugerir que una persona psicológicamente sana no se vea afectada por la realimentación que recibe de los demás. Somos seres sociales y con certeza los demás contribuyen a nuestras autopercepciones. Pero hay enormes diferencias entre las personas en cuanto a la importancia relativa de la realimentación que reciben: para algunas personas es casi el único factor de importancia mientras que para otras es mucho menor. Dicho de otra manera, hay enormes diferencias entre las personas en cuanto a su grado de autonomía.

Después de haber trabajado durante más de treinta años con pacientes que están lamentablemente preocupados por las opiniones de los demás sobre ellos, estoy convencido de que el medio más eficaz para liberarse es elevar el nivel de conciencia en nuestros actos; cuanto más aumentamos el volumen de nuestras señales internas, más tienden a equilibrarse las señales externas. Esto implica, como escribí en *El respeto hacia uno mismo*, aprender a escuchar al cuerpo y a las emociones, y a pensar por nosotros mismos.

## Auténtico orgullo

Si la autoestima se refiere a la experiencia de nuestra capacidad y valor fundamentales, el *orgullo* se refiere al placer explícitamente consciente que experimentamos debido a nuestras acciones y logros. La primera contempla lo que necesitamos hacer y dice: «Puedo». El segundo contempla lo que se ha logrado y dice: «Lo he hecho».

El auténtico orgullo no tiene nada en común con la jactancia, la vanagloria o la arrogancia. Proviene de la raíz opuesta. Su fuente no es el vacío sino la satisfacción. No ha de «probar» sino gozar.

El orgullo es el premio emocional al logro. No es un vicio que se ha de superar sino un valor que se ha de alcanzar. ¿El logro siempre produce orgullo? No necesariamente, como lo muestra el siguiente relato.

El presidente de una empresa mediana me consultó porque, a pesar de haber tenido un enorme éxito con su empresa, se sentía deprimido y desdichado sin comprender el motivo. Descubrimos que él siempre había querido ser investigador científico, pero que renunció a su deseo por deferencia a sus padres, que lo impulsaron hacia una carrera en el mundo de los negocios. No sólo no podía sentir más que un orgullo superficial por sus logros, sino que su autoestima estaba dañada.

No era difícil identificar el motivo. En la cuestión más importante de su vida había subordinado su mente y valores a los deseos de los demás, por su deseo de sentirse «amado» y de «pertenecer». Está claro que un problema de autoestima anterior motivó dicha capitulación.

Su depresión reflejaba una vida con una trayectoria brillante, pero que obviaba sus necesidades más profundas. Mientras él actuaba dentro de ese marco, el orgullo y la satisfacción estaban fuera de su alcance. Hasta que no estuviera dispuesto a desafiar esa situación y a enfrentarse al temor de hacerlo, no habría solución posible.

Éste es un punto que es importante comprender porque a veces oímos decir: «He llegado muy lejos. ¿Por qué no me siento más orgulloso de mí mismo?».

Aunque hay diversas razones por las cuales alguien puede no sentirse realizado con sus logros, puede dar resultado el preguntarse: «¿Quién *eligió* sus metas? ¿Usted o la voz de algún "otro importante" en su interior?». Ni el orgullo ni la autoestima pueden estar sustentados por la persecución de valores secundarios que no reflejan quiénes somos realmente.

## Elección volitiva: qué queremos hacer

En lo que se refiere a nuestras acciones y comportamiento, nuestra autoestima depende, en gran medida, de lo que queremos hacer.

Resalto este aspecto de la elección volitiva porque existen razones para creer que venimos a este mundo con ciertas diferencias hereditarias que facilitan o dificultan el alcanzar una autoestima positiva: diferencias en cuanto a energía, resistencia, predisposición a gozar la vida, etcétera. Sospecho que en los años venideros aprenderemos que la herencia genética forma definitivamente parte del tema.

Es evidente que la educación puede jugar un rol muy importante. Nadie puede decir cuántos individuos sufren en sus primeros años antes que la psique esté totalmente formada, y es casi imposible que más tarde surja una autoestima positiva, si no se lleva a cabo una intensa psicoterapia.

La investigación sugiere que una de las mejores maneras de poseer una autoestima positiva es tener padres que la posean y que la exhiban, como se deja claro en *The Antecedents of Self-Esteem,* de Stanley Coopersmith. Además, si tenemos padres que nos educan con amor y respeto, que nos permiten experimentar una aceptación invariable y benevolente, que nos brindan la estructura de apoyo de normas razonables y expectativas apropiadas, que no nos abruman con contradicciones, que no recurren al ridículo, la humillación o el maltrato físico como medios para controlarnos, que reflejan que creen en nuestra capacidad y bondad, tenemos posibilidades razonables de interiorizar sus actitudes y obtener así la base para una autoestima positiva.

Sin embargo, ninguna investigación ha demostrado que este resultado sea inevitable. El estudio de Coopersmith, en primer lugar, muestra claramente que no lo es. Algunas personas parecen haber sido excelentemente educadas según las coordenadas anteriores y sin embargo son adultos inseguros que dudan de sí mismos. Otras personas, en cambio, han emergido de terribles antecedentes y han sido educadas por adultos que lo hicieron todo mal y, a pesar de ello, les va bien en la escuela, tienen relaciones estables y satisfactorias, poseen un fuerte sentido de su propio valor y dignidad y como adultos satisfacen todos los criterios racionales de la autoestima positiva. Es como si estuvieran en la Tierra para desconcertar y confundir a los psicólogos.

Aunque podemos desconocer alguno de los factores biológicos o de desarrollo que influyen en la autoestima, sabemos mucho acerca de las prácticas (volitivas) específicas que pueden aumentarla o disminuirla. Por ejemplo, un compromiso honesto con la comprensión nos inspira confianza en nosotros mismos, y eludir el esfuerzo tiene el efecto contrario. Sabemos que las personas que viven de forma consciente se sienten más capacitadas que aquellas que lo hacen con un nivel bajo de conciencia. O que la integridad genera autodignidad y que la hipocresía, no. *Sabemos* todo esto implícitamente, aunque es asombroso la escasa frecuencia con que se tratan estos temas.

## Sustentar la autoestima

No podemos actuar directamente sobre la autoestima, ni la propia ni la de ninguna otra persona, ya que ésta es *una consecuencia*, un producto de prácticas generadas internamente, tales como vivir conscientemente, con responsabilidad e integridad. Si comprendemos cuáles son estas prácticas, podremos comprometernos a *iniciarlas* en nosotros mismos y a relacionarnos con los demás para *ayudarlos* o *alentarlos* a hacer lo mismo. Fomentar la autoestima en la familia, la escuela o el lugar de trabajo, por ejemplo, es crear un ambiente que sustenta y reafirma las prácticas que fortalecen la autoestima.

## ¿Cómo se manifiesta la autoestima positiva?

Hay algunas formas bastante simples y directas en las que la autoestima positiva se manifiesta en nuestro interior:

- Un rostro, actitud, manera de hablar y de moverse que refleja el placer que sentimos de estar vivos.
- Serenidad al hablar de los logros y fracasos directa y honestamente, ya que mantenemos una relación amistosa con los hechos.
- Comodidad al dar y recibir cumplidos, expresiones de afecto, aprecio, etcétera.
- Apertura a las críticas y comodidad para reconocer errores porque nuestra autoestima no está atada a una imagen de «perfección».
- Nuestras palabras y acciones tienden a ser serenas y espontáneas porque no estamos en guerra con nosotros mismos.
- Armonía entre lo que decimos y hacemos y nuestro aspecto y gestos.
- Una actitud abierta y de curiosidad hacia las ideas, experiencias y posibilidades de vida nuevas.
- Si surgen sentimientos de ansiedad o inseguridad, es menos probable que nos intimiden o abrumen, ya que no suele ser difícil aceptarlos, dominarlos y superarlos.
- Capacidad para gozar los aspectos humorísticos de la vida, en nosotros mismos y los demás.
- Flexibilidad para responder a situaciones y desafíos, movida por un espíritu inventivo e incluso lúdico, ya que confiamos en nuestra mente y no vemos la vida como una fatalidad o derrota.
- Comodidad con una actitud positiva (no beligerante) en nosotros mismos y en los demás.
- Capacidad para preservar la armonía y dignidad en condiciones de estrés.

Luego, a nivel puramente físico, se pueden observar características tales como:

- Ojos despiertos, brillantes y vivaces.
- Rostro relajado que (salvo en caso de enfermedad) suele tener color natural y vitalidad en la piel.
- Mentón en posición natural y alineado con el cuerpo.
- Mandíbula relajada.
- Hombros relajados aunque erguidos.
- Manos que tienden a estar relajadas, gráciles y quietas.
- Brazos relajados y en posición natural.
- Postura relajada, erguida, bien equilibrada.
- Modo de caminar decidido (sin ser agresivo ni altanero).
- Voz modulada, con intensidad adecuada a la situación y con pronunciación clara.

Observe que el tema de la relajación se repite una y otra vez. Ésta implica que no nos estamos escondiendo de nosotros mismos y que no luchamos contra quienes somos. La tensión crónica transmite un mensaje de alguna forma de división interna, de autoevasión y de autorrepudio o de que se está negando o reprimiendo algún aspecto de uno mismo.

Les pregunté a varios psicoterapeutas de diferentes orientaciones teóricas según qué criterios intuirían la autoestima de un paciente. Fue interesante comprobar que coincidíamos en muchos aspectos.

## ¿Cuánta autoestima es suficiente?

¿Es posible tener demasiada autoestima?

No, no lo es; no es más posible que tener demasiada salud física. A veces se confunde autoestima con vanagloria, jactancia o arrogancia; pero estos rasgos no reflejan demasiada autoestima sino demasiado poca. Reflejan una falta de autoestima. Las personas con una autoestima alta no se ven impulsadas a mostrarse superiores a los demás; no buscan probar su valor midiéndose según un estándar comparativo. Se alegran de ser como son, no de ser mejores que otra persona.

## Engendrar resentimiento en los menos seguros

Es cierto que las personas con problemas de autoestima se sienten incómodas ante la presencia de personas que no los padecen; sienten resentimiento y declaran: «Tienen *demasiada* autoestima».

Los hombres inseguros, por ejemplo, suelen sentirse todavía más inseguros frente a mujeres con confianza en sí mismas. Los individuos con una autoestima baja se muestran irritables generalmente frente a personas entusiastas con respecto a la vida. Si un cónyuge cuya autoestima se está deteriorando ve que la de su pareja está creciendo, responde con ansiedad e intenta abortar el proceso de crecimiento.

La triste realidad es que cualquiera que tenga éxito en este mundo corre el riesgo de convertirse en blanco de tiro. Las personas que tienen logros escasos suelen envidiar y experimentar resentimiento por las personas que los tienen importantes. Las personas desdichadas suelen envidiar y experimentar resentimiento por las personas dichosas. Quienes tienen una autoestima baja gustan a veces hablar del peligro de tener «demasiada».

# Reflexiones sobre las fuentes de la autoestima

Recuerdo que cuando era niño me asombraba enormemente el comportamiento de los adultos; lo que yo percibía como la peculiaridad y la superficialidad de sus valores, la falta de congruencia entre sus palabras y sus sentimientos, una ansiedad que parecía saturar gran parte de la atmósfera a mi alrededor y la abrumadora sensación de que los adultos generalmente no sabían lo que hacían, de que se sentían perdidos e impotentes aunque fingían controlarlo todo. Esta experiencia era dolorosa y, en ocasiones, atemorizante. Yo deseaba desesperadamente comprender por qué los seres humanos se comportaban de esa manera. En algún lugar de mi mente, a una edad bastante temprana, debo de haber tenido la convicción de que el conocimiento es poder, seguridad, certidumbre y serenidad. Sin duda esta convicción jugó un rol significativo en la elección de mi profesión.

Todos experimentamos momentos de perplejidad, de desesperación y la dolorosa sensación de impotencia o inadecuación. La pregunta es: *¿Dejamos que tales momentos nos definan?*

No es que las personas con autoestima positiva no sufran o a veces no experimenten ansiedad. Sí lo hacen, pero estas experiencias no las detienen. No se identifican con su temor o dolor, al igual que si se pusieran enfermas no se identificarían con su enfermedad. No ven el sufrimiento como la esencia de la vida.

## Vivir con integridad, consciente y responsablemente

La necesidad de la autoestima surge del hecho de que el funcionamiento de nuestra conciencia es volitivo, lo cual nos confiere una tarea única: hacernos capaces para afrontar los desafíos de la vida. Lograremos esto viviendo con integridad, consciente y responsablemente.

Como ya he resaltado, deberíamos juzgarnos según lo que se encuentra bajo nuestro control volitivo; hacerlo según aquello que depende de la voluntad o las elecciones ajenas es muy peligroso para nuestra autoestima. La tragedia de millones de personas es que hacen precisamente esto.

La autoestima se refiere al tema de nuestra adecuación fundamental a la vida y, en consecuencia, a las operaciones mentales que yacen detrás de nuestro comportamiento. Si comprendemos esto, podemos apreciar fácilmente el error de medir nuestro mérito según baremos tales como nuestra popularidad, influencia, riqueza, posesiones materiales o apariencia física.

Dado que somos seres sociales, necesitamos algún grado de estima de los demás. Pero ligar nuestra autoevaluación a la buena opinión de los demás es ponernos a su merced de la forma más humillante. El deseo de «agradar» (y evitar la desaprobación) puede conducirnos a hacer cosas que *traicionen* nuestra autoestima. ¿Y qué hemos de hacer cuando las personas cuya autoestima deseamos tienen diferentes expectativas, y obtener la aprobación de una persona importante implica arriesgarnos a obtener la desaprobación de otra?

O, por ejemplo, una apariencia atractiva puede inspirarnos placer, pero supeditar a esto nuestra autoestima hace que crezca el miedo cada año que pasa, al ver que las marcas de la edad avanzan inexorablemente en nosotros. Y si nuestra apariencia es muy superior a nuestro comportamiento, difícilmente curará las heridas psíquicas infligidas por la deshonestidad, la irresponsabilidad o la irracionalidad.

## Un compromiso con la conciencia: la voluntad de comprender

Cada vez que vemos hombres y mujeres con una autoestima positiva, vemos un fuerte compromiso con la conciencia como modo de vida. Viven *conscientemente*.

Les interesa saber qué están haciendo cuando actúan, comprenderse a ellos mismos y al mundo que los rodea; inclusive la realimentación que reciben, que les informa si están o no en el buen camino con respecto a sus metas y fines.

En *El respeto hacia uno mismo*, denomino a esta actitud «la voluntad de comprender».

El alcance potencial de nuestra conciencia depende de nuestro grado de inteligencia, de la amplitud de nuestra capacidad abstracta para captar relaciones (para ver la conexión entre las cosas). Pero el principio del compromiso con la conciencia, o la voluntad de comprender, se mantiene igual en todos los niveles de inteligencia. Se refiere al comportamiento de buscar integrar aquello que llega a nuestro campo mental, así como el esfuerzo de continuar expandiendo ese campo.

El principio está en la afirmación de la conciencia misma, el acto de ver y tratar de captar aquello que vemos, de oír y de tratar de captar aquello que oímos, o de responder a la vida de forma activa y no pasiva. Ésta es la base de la autoestima positiva.

## El asombroso mundo de los adultos

Muchos niños tienen experiencias que colocan enormes obstáculos en el camino del buen desarrollo de esta actitud. A un niño puede resultarle incomprensible y amenazante el mundo de sus padres y de otros adultos. El uno mismo no se alimenta sino que sufre ataques. Después de varios intentos infructuosos de comprender las políticas, afirmaciones y comportamiento de los adultos, algunos niños se rinden y asumen la culpa por sus sentimientos de impotencia. Suelen sentir de forma desdichada, desesperada e inarticulada que les sucede algo terriblemente malo a sus mayores, o a ellos mismos, o a *algo*. El sentimiento acostumbra ser: «Nunca comprenderé a las personas; nunca podré hacer lo que esperan de mí; no sé qué está bien o mal y nunca lo sabré».

## Desarrollar una fuente poderosa de fortaleza

El niño que continúa luchando por entender al mundo y a las personas que viven en él, sin embargo, está desarrollando una fuente poderosa de fortaleza, sin importar la angustia por la perplejidad que experimenta. Atrapado en un medio particularmente cruel, frustrante e irracional, sin duda se sentirá legítimamente alienado por muchas de las personas del mundo que lo rodea. Aunque no por la realidad; no se creerá, en el nivel más profundo, incompetente para vivir, o al menos tiene posibilidades relativamente buenas de evitar este destino.

El individuo en desarrollo que mantiene un compromiso con la conciencia aprende temas, adquiere aptitudes, cumple tareas, alcanza metas. Y por supuesto estos éxitos convalidan y reafirman la elección de pensar. La sensación de ser apto para la vida resulta natural.

Un compromiso con la conciencia —un compromiso con la

70

racionalidad, el respeto a la realidad, como modo de vida— es, en consecuencia, una fuente y expresión de autoestima positiva.

Solemos asociarla sólo con el resultado —con el conocimiento, el éxito, la admiración y el aprecio de los demás— y omitir la causa: todas las acciones que, de forma acumulativa, implican lo que denominamos compromiso con la conciencia, la voluntad de comprender. Por lo tanto, podemos engañarnos a nosotros mismos en cuanto a las verdaderas fuentes de la autoestima.

## La voluntad de ser eficaz

En la autoestima se refleja «la voluntad de ser eficaz».

El concepto de la voluntad de ser eficaz es una ampliación de la de comprender. Pone el énfasis en la perseverancia frente a las dificultades: continuar intentando comprender cuando resulta difícil; querer llegar a dominar una aptitud o la solución de un problema frente a las derrotas; mantener un compromiso con las metas aunque se encuentren muchos obstáculos en el camino.

La voluntad de ser eficaz implica negarnos a identificar nuestro ego o uno mismo con sentimientos momentáneos de impotencia o derrota.

Hace muchos años fui testigo de una conversación entre dos colegas, un psicólogo y un psiquiatra, que fue importante para mi propia comprensión del tema que estoy tratando. Ambos eran primos hermanos y habían crecido en ambientes similares. Compartieron muchos recuerdos dolorosos del comportamiento de sus mayores y de otros parientes.

—Tú sobreviviste a todo aquello a lo que yo de alguna manera no pude —le dijo el psiquiatra al psicólogo—. No pudieron contigo. Siempre me pregunté qué te hizo perseverar. Porque yo no lo hice. En cierto modo me rendí.

El psicólogo respondió:

—Recuerdo que muchas veces me sentí bastante abrumado. Pero en algún lugar muy dentro de mí había una voz que me decía: «No te rindas. Continúa.» Continúa estando consciente, supongo, intentando comprender. No abandones la convicción de que es posible controlar tu vida. Obviamente no eran ésas las palabras que utilizaba cuando era niño, pero ése era el sentido. A eso me aferré.

—La voluntad de ser eficaz —propuse impulsivamente. He ahí un concepto que me ayudó a explicar algo que observaba en mis pacientes y estudiantes, el principio que ayuda a comprender la diferencia entre aquellos que se sentían fundamentalmente derrotados por la vida y aquellos que no.

La voluntad de ser eficaz, *la negativa de una conciencia humana a aceptar la impotencia como condición permanente e inalterable.*

## «Distanciamiento estratégico»: saber que usted es más que sus problemas

Impresiona ver a una persona que ha sido golpeada de muchas maneras por la vida, que está perturbada por diversos problemas sin resolver, que puede estar alienada por muchos aspectos del uno mismo y que sin embargo sigue peleando, luchando, pugnando por encontrar el camino hacia una existencia mejor, movida por la convicción de que «Soy más que mis problemas».

Los niños que sobreviven a infancias difíciles han aprendido una estrategia particular de supervivencia que se relaciona con el tema que estamos tratando. Yo la denomino «distanciamiento estratégico». No se trata del repliegue de la realidad que conduce al trastorno psicológico, sino de un aislarse calibrada e intuitivamente de los aspectos nocivos de su vida familiar o de otros aspectos de su mundo. De alguna manera saben que *esto no es lo único que existe.* Creen que hay una alternativa mejor *en algún lugar* y que *algún día encontrarán el camino hacia ella.* Perseveran en esa idea. Saben que *todas las mujeres no son mamá, todos los hombres no son papá, su familia no agota las posibilidades de relaciones humanas, hay vida más allá de su barrio.* Esto no les ahorra sufrimiento en el presente, pero permite que éste no los destruya. El distanciamiento estratégico no garantiza que no experimentarán sentimientos de impotencia, pero les ayuda a no hundirse en ellos.

Tener la voluntad de ser eficaces no significa que neguemos los sentimientos de ineficacia cuando surjan, sino que no los aceptamos como permanentes. Nos sentimos impotentes temporalmente sin definir nuestra esencia como impotencia. Podemos sentirnos durante algún tiempo derrotados sin definir nuestra esencia como fracaso; desesperanzados, abrumados, y sin embargo saber que tras un descanso recogeremos los pedazos lo mejor que podamos y comenzaremos a avanzar nuevamente. La visión que tenemos de nuestra vida se extiende más allá de los sentimientos del momento. Nuestro concepto del uno mismo puede alzarse por encima de la adversidad actual. Ésta es una de las formas de heroísmo posibles para una conciencia volitiva.

## Autoestima y cociente intelectual

Ninguna teoría ha sugerido nunca que la autoestima positiva se correlacione con el cociente intelectual. Y esto no me sorprende, ya que está en función no de nuestras dotes de nacimiento sino de la manera de utilizar nuestra conciencia: las elecciones que efectuamos con respecto a la conciencia, la honestidad de nuestra relación con la realidad, el nivel de nuestra integridad personal.

La autoestima no es competitiva ni comparativa. Su contexto es siempre la relación del individuo con su uno mismo y con las elecciones de éste. Una persona muy inteligente y con una autoestima alta no se siente *más* apta para la vida o *más* digna de felicidad que una persona con idéntica autoestima e inteligencia más modesta.

Una analogía puede resultar útil. Dos personas pueden ser igualmente sanas y físicamente aptas, pero una es más fuerte que la otra. La más fuerte no experimenta un nivel más alto de bienestar físico; una simplemente puede hacer cosas que la otra no puede hacer.

Desde el exterior, podemos decir que una goza de ciertas ventajas sobre la otra. Pero esto no significa que haya una diferencia en el sentimiento interno de bienestar y vitalidad.

## Pensar independientemente

La independencia intelectual está implícita en el compromiso con la conciencia o la voluntad de comprender. Una persona no puede pensar con la mente de otra. Podemos aprender unos de otros, pero el conocimiento implica comprensión, no meramente repetición o imitación. Podemos ejercitar nuestra propia mente o transferir a otros la responsabilidad del conocimiento y evaluación, y aceptar sus veredictos más o menos sin reservas. La elección que efectuemos es crucial para la forma como nos sentimos a nosotros mismos y para el tipo de vida que llevamos.

## Las metas e intenciones son cruciales

El hecho de que a veces nos influyan otras personas sin darnos cuenta no modifica el que exista una distinción entre la psicología de aquellos que tratan de comprender las cosas por sí mismos, de pensar por sí mismos, de juzgar por sí mismos y la de aquellos a quienes rara vez se les da esa posibilidad. El tema de la intención, de la meta de un individuo es lo básico aquí.

Recuerdo que una paciente que seguía una terapia me dijo una vez: «No puedo comprender por qué siempre dependo de las opiniones de otras personas.»

Yo le pregunté: «Cuando usted estaba creciendo, ¿alguna vez *quiso* ser independiente, se impuso la independencia como meta?»

Ella pensó un instante y luego respondió: «No.»

Yo le dije: «Entonces, no debe sorprenderle no haberla alcanzado.»

Es útil hablar de «pensar con independencia» porque la redundancia tiene valor de énfasis. Generalmente, lo que las personas llaman «pensar» es meramente el reciclaje de las opiniones de otros. En consecuencia, podemos decir que pensar con independencia —en nuestro trabajo, nuestras relaciones, los valores que guiarán nuestra vida, las metas que nos fijaremos— es un generador de autoestima. Y de la autoestima positiva surge una inclinación natural a pensar de forma independiente.

## La autoestima se adquiere, no se da

Si una persona ve sólo la fase final del proceso que estoy describiendo podría decir: «Para él es fácil pensar independientemente con tanta autoestima como posee». Pero la autoestima no se da, se adquiere.

Esto puede conseguirse pensando independientemente cuando no es fácil, cuando puede incluso producir temores, cuando la persona que está pensando lucha contra sentimientos de incertidumbre e inseguridad y opta por perseverar a pesar de ello. No siempre es fácil mantener nuestro juicio, y si se ha vuelto fácil, en sí también es una victoria psicológica, ya que en el pasado hubo seguramente ocasiones en las que no lo fue, en las que las presiones contra el pensamiento independiente eran considerables, en las que tuvimos que enfrentar y sobrellevar la ansiedad.

Cuando un niño descubre que sus percepciones, sentimientos o juicios están en conflicto con los de sus padres u otros miembros de la familia y surge la cuestión de escuchar la voz del uno mismo o negarla en favor de la de los otros. Cuando una mujer cree que su marido está equivocado en algún tema importante y surge la cuestión de expresar sus pensamientos o reprimirlos y en consecuencia proteger la «estabilidad» de la relación. Cuando un artista o científico ve de repente un camino que puede alejarlo de las teorías y valores consensuales de sus colegas de las principales corrientes de orientación y opinión contemporáneas, y surge la cuestión de seguir ese camino solitario a donde quiera que conduzca o volver atrás. El tema y el desafío en todas estas cuestiones es el mismo. ¿Deberíamos respetar las señales internas o negarlas?

Independencia *versus* conformidad,
autoexpresión *versus* autorrepudio,
autoafirmación *versus* autorrendición.

## El heroísmo de la conciencia

Si bien a veces puede ser necesario, normalmente no disfrutamos de largos períodos de alienación del pensamiento y creencias de quienes nos rodean, especialmente de aquellos a quienes respetamos y amamos. Una de las formas más importantes de heroísmo es el de la conciencia, el del pensamiento; la voluntad de tolerar la soledad.

Al igual que en el resto de rasgos psicológicos, hay grados de independencia. Aunque nadie es del todo independiente ni nadie es dependiente siempre, cuanto más alto sea el nivel de nuestra independencia y más deseemos pensar por nosotros mismos, más alto tenderá a ser el nivel de nuestra autoestima.

## Aprender a discriminar

Nadie puede sentirse eficaz de una manera adecuada (es decir, capaz de enfrentarse a los desafíos de la vida) si no ha aprendido a diferenciar los hechos de los deseos por una parte y los temores por otra.

La tarea es a veces difícil porque los propios pensamientos están siempre teñidos o aun saturados de sentimientos. Sin embargo, en muchas ocasiones podemos reconocer que el deseo de realizar alguna acción no prueba que deberíamos realizarla. Salir corriendo de una habitación en medio de una discusión cuando estamos disgustados, por ejemplo. Y el hecho de que temamos realizar alguna acción no prueba que deberíamos evitar realizarla. Ir al médico para someterse a una revisión cuando hay síntomas de enfermedad es otro ejemplo.

Si efectuamos una compra que sabemos que no podremos costearnos y evitamos pensar en las facturas pendientes que no podremos pagar, hemos subordinado nuestra conciencia a nuestros deseos. Si ignoramos las señales de peligro en un matrimonio y luego admitimos estar perplejos y consternados cuando el matrimonio finalmente explota, hemos pagado el precio por sacrificar la conciencia al temor.

## Nuestra intención subyacente

En lo que se refiere a nuestra autoestima, la clave no es si somos perfectos al distinguir entre hechos, deseos y temores y optar por la conciencia por encima de alguna forma de evasión. La clave es, en realidad, la intención subyacente.

Cuando decimos que una persona es «básicamente honesta», en el sentido explicado aquí, no queremos decir que sea impermeable a la influencia de los deseos y temores, sino que tiene un deseo y una *intención* marcados y evidentes de ver las cosas como son. No siempre podemos saber con certeza si somos racionales u honestos, pero podemos preocuparnos por ello, puede importarnos. No siempre somos libres para triunfar en nuestro pensamiento, pero siempre lo somos para intentarlo.

La suma acumulada de nuestras elecciones en esta materia da una sensación interior de honestidad o deshonestidad básica, una responsabilidad o irresponsabilidad fundamental con respecto a la existencia. Desde la infancia, algunos individuos están mucho más interesados y respetan mucho más las cuestiones relativas a la verdad que otros. Algunos actúan como si los hechos no fueran tales necesariamente si no optamos por reconocerlos, como si la verdad fuera irrelevante y las mentiras fueran mentiras sólo si alguien las descubriera.

La tarea de la conciencia es percibir lo que existe, según nuestra máxima capacidad. Respetar la realidad —la percepción de lo que existe— es respetar la conciencia; respetar la autoestima.

## Integridad

Reconocemos a la autoestima donde vemos un comportamiento coherente con los valores, convicciones y creencias que profesa el individuo. Vemos integridad.

Cuando nos comportamos de forma que está en conflicto con los juicios de lo que es apropiado, nos desprestigiamos a nuestros propios ojos. Nos respetamos menos a nosotros mismos. Si esta actitud se vuelve habitual, confiamos menos en nosotros mismos, o dejamos de hacerlo.

Los psicólogos, ansiosos por disociarse de la filosofía en general y de la ética en particular, suelen sentirse incómodos con todo lo que parezca referirse a la moral en el contexto de la psicoterapia o del bienestar psicológico. En consecuencia, pueden omitir el hecho evidente de que la integridad es, en efecto, uno de los guardianes de la salud mental y de que es cruel y confuso alentar a las personas a creer que practicar la «consideración positiva incondicional» hacia ellas mismas las conducirá a un amor propio consistente, sin tener en cuenta el tema de su integridad personal.

## Valores, principios y normas

A veces una persona intenta eludir el peso de la integridad desconociendo, o manifestando desconocer, todos los valores o normas. Lo cierto es que los seres humanos no pueden retroceder a un nivel inferior de la evolución sin fracasar; no podemos volver antes de que fuera posible pensar en principios y planificación a largo plazo. Somos seres conceptuales, ésa es nuestra naturaleza y no podemos funcionar bien si no es así. Necesitamos valores que guíen nuestras acciones, principios que guíen nuestras vidas. Nuestras normas pueden ser apropiadas o no para lo que nuestra vida y bienestar requieren, pero es imposible vivir sin normas de ningún tipo. Una rebelión tan profunda contra la naturaleza como el intento de abandonar todos los valores, principios y normas es, por sí sola, una expresión de autoestima empobrecida y una garantía de que el deterioro será constante.

Reconozcamos que el tema de vivir de acuerdo con normas no siempre es simple. ¿Qué sucede si las muestras son erróneas o irracionales?

## Un código de valores

Podemos aceptar un código de valores en desacuerdo con nuestras necesidades como organismos vivos. Por ejemplo, determinadas enseñanzas religiosas implícita o explícitamente condenan el sexo, el placer, el cuerpo, la ambición, el éxito material; condenan (para todos los fines prácticos) el goce de la vida humana. La aceptación de normas que niegan aspectos humanos es un enorme problema que he tratado en mis libros *La psicología de la autoestima* y *El respeto hacia uno mismo*.

Aquí, simplemente comentaré que si llegamos a la conclusión de que vivir de acuerdo con nuestras normas puede estar conduciéndonos a la autodestrucción, ha llegado obviamente el momento de cuestionarlas en lugar de resignarnos simplemente a vivir sin integridad. Puede que necesitemos reunir coraje para desafiar algunas de nuestras suposiciones más profundas en cuanto a lo que nos han enseñado a considerar como bueno.

## Autoaceptación

La autoaceptación está implícita en la autoestima. Los individuos con una autoestima positiva tienden a evitar caer en una relación de enemistad con ellos mismos.

Si hemos de crecer y cambiar, debemos empezar por aprender a aceptarnos a nosotros mismos. Según mi experiencia, la autoaceptación no es un concepto fácil de comprender para la mayoría de las personas. (En *Cómo mejorar su autoestima*, el capítulo más largo está dedicado a este tema.) Suele considerarse la autoaceptación como equivalente a la aprobación de todas las facetas de nuestra personalidad (o aspecto físico) y negar que sea necesario algún cambio o perfeccionamiento.

Autoaceptarnos no significa no desear cambiar, mejorar, evolucionar. Significa no estar en guerra con nosotros mismos, no negar nuestra realidad actual, en este momento de nuestra existencia. Tratamos aquí el tema del respeto y la aceptación de los hechos; en este caso, los de nuestro propio ser.

Aceptarnos a nosotros mismos es asumir el hecho de que lo que pensamos, sentimos y hacemos son todas expresiones del uno mismo *en el momento en que suceden*. No podremos cambiar hasta que no aceptemos el hecho de lo que somos en cualquier momento de nuestra existencia, permitamos ser plenamente conscientes de la naturaleza de nuestras elecciones y acciones y admitamos la verdad de nuestra conciencia.

Aceptar lo que soy me exige contemplar mi propia experiencia con una actitud que haga irrelevantes los conceptos de aprobación o desaprobación: *el deseo de ser consciente.*

## Autoaceptación incondicional

Existe un nivel aún más profundo en el que necesitamos comprender la autoaceptación. En su sentido último, se refiere a una actitud de autovalía y autocompromiso que deriva fundamentalmente del hecho de estar vivo y ser consciente. Es más profunda que la autoestima. Es un acto de autoafirmación que antecede a la moral y a la razón, una especie de egoísmo primitivo que es el derecho de existir de todo organismo consciente. No obstante, los seres humanos tienen el poder de actuar en contra de esta profunda autoafirmación o incluso de anularla.

Un psicoterapeuta que sea eficaz apela o pugna por despertar una actitud de autoaceptación, aun en una persona con un nivel de autoestima muy bajo. Esta actitud puede inspirar a un paciente a enfrentar lo que más teme afrontar en su interior, sin caer en el odio a sí mismo, en el repudio al valor de su persona o en el abandono del deseo de vivir. En consecuencia, uno podría ser desdichado porque experimenta una autoestima baja y, sin embargo, aceptarla junto con las dudas sobre sí mismo y los sentimientos de culpa. «Los acepto como parte de cómo me experimento a mí mismo en este momento.»

En este nivel, la autoaceptación es incondicional. La autoestima no lo es ni puede serlo.

Cuando me esfuerzo por transmitirles el concepto de autoaceptación a los pacientes en terapia, a veces me encuentro con obje-
ciones. «Pero no *me gusta* ser como soy. Quiero ser diferente».
O «Veo a personas a quienes admiro, a personas que son fuertes,
confiadas, positivas. Así es como quiero ser. ¿Por qué debería
aceptar ser un inútil?».

Aquí observaremos las dos falacias ya mencionadas: creer que
si aceptamos quiénes y qué somos, aprobaremos todo lo que se
refiere a nosotros y que no podemos cambiar y perfeccionarnos.

## La autoaceptación facilita el camino

Recuerdo que una paciente insistía en que no podía sentir más
que odio hacia sí misma debido a su incapacidad para rechazar las
proposiciones sexuales de un hombre. Le pregunté si realmente
era verdad que se consideraba una mujer que no podía negarse.

—Sí —respondió llorando.

Le pregunté si estaba dispuesta a aceptar ese hecho.

—¡Lo odio! —replicó.

Le dije que dado que era verdad que se veía a sí misma de esa
manera, ¿estaba dispuesta a aceptar esa verdad y a reconocerla?
Después de resistirse en un principio dijo:

—Acepto el hecho de que me considero una mujer que no puede decir que no.

Cuando le pregunté cómo se sentía al decir eso, ella respondió:

—Irritada.

Luego le pregunté si estaba de acuerdo con que se sentía muy
irritada al reconocer que se consideraba una mujer que no podía
negarse, y dijo indignada:

—¡Me *niego* a aceptar que soy ese tipo de persona!

Le pregunté:

—Entonces, ¿cómo puede esperar cambiar algún día?

La guié a través de diversos ejercicios psicológicos que apuntaban a facilitar la aceptación de su estado actual. Esencialmente consistían en ayudarla a experimentar que así estaba *ahora*. Después de un tiempo, expresó un cambio de sentimientos; abandonó el de lucha contra sí misma. Empezó a relajarse hasta sentir que «en este momento de mi vida esto forma parte de quien soy».

—Esto es tan extraño —comentó—. No ha cambiado nada. Todavía tengo el problema. Pero me siento más serena. He dejado de gritarme a mí misma. Es simplemente... una realidad. No me gusta, pero es un hecho. Lo reconozco. No sólo de palabra, sino, ¿sabe?, realmente lo he aceptado como verdadero. No ha cambiado nada y sin embargo siento como si me sintiera más digna.

—Luego dijo la frase más significativa.

—Y a medida que empiezo a aceptar la realidad de lo que he estado haciendo, de cómo he vivido, es como si me resultara mucho más difícil continuar haciéndolo, es decir, seguir haciendo cosas que desapruebo. Cosas que son humillantes. Quizá sea por eso que me he resistido a aceptarlo. En cuanto dejo de luchar y acepto, comienza a suceder algo.

## El poder de la responsabilidad de uno mismo

Al trabajar con pacientes en psicoterapia, me interesa captar el momento en que parece producirse un crecimiento repentino. Suelo ver que la transformación más radical ocurre cuando el paciente advierte que *nadie vendrá a rescatarlo*. «Finalmente llegó el momento en que me permití enfrentar plenamente mi propia responsabilidad por mi vida —me ha dicho más de un paciente—, comencé a crecer, a cambiar. Y mi autoestima empezó a aumentar».

En realidad somos responsables de nuestras elecciones y acciones. No como sujetos de censura o culpa, sino como principales agentes causales en nuestras vidas y comportamiento.

No quiero decir que una persona no sufra nunca por accidente o por culpa de otros, ni que sea responsable de todo lo que pueda sucederle en su vida. No somos omnipotentes. Pero la responsabilidad de nosotros mismos es claramente indispensable para la autoestima positiva. Si eludimos ese compromiso nos transformamos en víctimas de nuestras propias vidas. Nos deja impotentes. Muchas personas necesitan emanciparse de esta actitud, si alguna vez han de evolucionar hacia un sentido de la vida que no sea trágico. Fortalece a uno mismo el declarar (¡y proponérselo!):

«Soy responsable del cumplimiento de mis deseos y metas.»
«Soy responsable de mis elecciones y acciones.»
«Soy responsable de cómo me relaciono con las personas.»
«Soy responsable del nivel de conciencia y atención con que afronto mi trabajo.»
«Soy responsable de las decisiones según las cuales vivo.»
«Soy responsable de mi felicidad personal.»

Queda mucho más por decir acerca de las condiciones de la autoestima positiva, más de lo que puede abarcar este libro. Lo que he apuntado aquí son algunas observaciones generales sobre los fundamentos.

### Las raíces de la autoestima son internas

La autoestima está arraigada más bien en las operaciones mentales internas que en los éxitos o fracasos externos. Es esencial comprender este punto.

No comprender este principio nos causa una dosis incalculable e innecesaria de angustia y duda sobre uno mismo. Si nos juzgamos a nosotros mismos según criterios que se refieren a factores fuera de nuestro control volitivo, el resultado es inevitablemente una autoestima precaria que está en peligro crónico. Pero si a pesar de nuestros mejores esfuerzos fracasamos en una empresa particular, nuestra autoestima no necesita verse afectada o menoscabada, aun cuando no experimentemos el mismo orgullo que hubiéramos sentido de haber tenido éxito.

Más aún, es necesario que recordemos que el uno mismo no es una entidad estática, acabada, sino una creación en constante evolución, un despliegue de nuestro potencial, expresado en nuestras elecciones, decisiones, pensamientos, juicios, respuestas y acciones. Vernos a nosotros mismos como buenos o malos básica e inalterablemente —al margen de nuestra manera de actuar presente y futura— es negar los hechos de libertad, autodeterminación y responsabilidad de nosotros mismos. Siempre tenemos dentro de nosotros mismos la posibilidad de cambiar.

No necesitamos ser prisioneros de las elecciones del pasado.

# El poder de la autoestima en el lugar de trabajo*

* Adaptación de una entrevista de Erin J. Kalish a Nathaniel Branden, publicada en *Networking Magazine*, © 1991, sede Massachusetts de la American Society for Training & Development.

La autoestima puede ser el recurso psicológico más importante que tenemos para ayudarnos a afrontar los desafíos del futuro. Éstos son especialmente evidentes en el lugar de trabajo, donde empieza a verse claramente que la autoestima no es un lujo emocional sino un requisito para la supervivencia.

Las investigaciones recientes contribuyen a esclarecer el importante rol que juega la autoestima en nuestra capacidad para asumir riesgos, adquirir nuevas aptitudes, ser creativos, recibir realimentación, relacionarnos con los demás con justicia y benevolencia, ser productivos y positivos. Necesitamos cultivar estos rasgos tan importantes para funcionar realmente bien en nuestras familias, organizaciones y comunidades.

Hemos llegado a un momento de la historia en el que la autoestima, que siempre ha sido una necesidad psicológica para la supervivencia sumamente importante, también es una necesidad económica para esa supervivencia.

Hemos sido testigos de la transformación de una sociedad industrial a una sociedad de información y de una economía interna a una global. Vivimos en una época de cambios extraordinariamente rápidos, de adelantos científicos y psicológicos fabulosos. El trabajo físico se está convirtiendo en una parte cada vez más pequeña de la actividad económica; el intelectual está creciendo. Éste es el momento del trabajador del conocimiento. Deben desarrollarse nuevas técnicas de administración que sean apropiadas para dirigir una fuerza de trabajo mejor educada, más independiente y creativa. Incluso los psicoterapeutas y asesores necesitan tener más conciencia de estos temas, ya que ven cada vez más pacientes con estrés relacionado con el trabajo.

Los desarrollos en el lugar de trabajo en esta época de cambio acelerado, elecciones y desafíos exigen una mayor capacidad de innovación, autonomía, responsabilidad personal e independencia, todas ellas cualidades de la autoestima positiva.

## Confiar en usted mismo

El significado más importante de la autoestima es la confianza en su propia mente, en sus propios procesos intelectuales. En consecuencia, la confianza en su capacidad de aprender, de juzgar, de decidir. Para los seres humanos, la mente o conciencia es el medio básico de supervivencia en el que confiamos para mantenernos en contacto con la realidad y orientar nuestro comportamiento de forma apropiada. Ésta es la forma primaria en que podemos considerar a la autoestima como una necesidad de supervivencia.

Un individuo que desconfía de su propia mente está en grave desventaja para enfrentarse a las elecciones y opciones que presenta la vida.

Considere a la autoestima positiva como el sistema inmunológico de la conciencia, que proporciona resistencia, fuerza y capacidad de regeneración para enfrentar los desafíos de la vida.

## La capacidad de tomar decisiones

Estudios realizados entre ejecutivos sugieren que una de las principales causas del fracaso es la incapacidad para tomar decisiones. Esa incapacidad se debe a una autoestima con problemas, a la desconfianza en la propia mente y juicio.

En muchas situaciones, debe obtenerse y analizarse mucha información a fin de que los gerentes tomen decisiones acertadas, y lo que aportan los demás es un factor que contribuye a ello. Se ha escrito mucho acerca del valor de tomar decisiones «equilibradas», pero eso debe significar algo más que reunir adhesiones. La búsqueda de consenso puede en realidad desviarnos de elecciones innovadoras.

## Pautas para tomar decisiones

A mi juicio, el tomar decisiones se refiere a observar el contexto más amplio posible en el momento de hacerlo. Se trata de preguntarse:

1. ¿Cuáles son todos los factores que, presumiblemente, pueden atañer a mi decisión?
2. ¿Cuáles son todas las consecuencias predecibles de mi decisión?
3. ¿Quién puede verse afectado y cómo?

En otras palabras, una persona muy consciente busca la mayor cantidad de aportaciones relevantes que pueda encontrar para orientar el proceso de tomar decisiones. No se trata de mi decisión *versus* la de otra persona. Es una cuestión de respeto por los hechos, de respeto a la verdad. Uno de los distintivos de la autoestima positiva es una fuerte orientación hacia la realidad y luego la confianza en que su mente tomará la decisión correcta.

En algunos contextos la autoestima positiva incluye o, aun exige, las aportaciones de otras personas, aunque esto no implica necesariamente realizar encuestas de opinión. Alguien puede estar muy adelantado al resto de personas involucradas y ver cosas que otros no pueden ver. Los hemanos Wright, por ejemplo, no se molestaron en realizar una encuesta.

El modelo del consenso en la toma de decisiones tiene su lugar, pero depende en alguna medida de la capacidad de los innovadores o visionarios para lograr que se comprendan sus ideas. Algunos no pueden explicar su visión de forma suficientemente clara como para obtener el respaldo para la que podría ser la mejor decisión. Algunas ideas muy importantes se pierden debido a esta incapacidad.

Un nivel alto de autoestima es de inestimable valor para que un innovador logre llevar adelante el nuevo producto o técnica o método de gerencia.

## Acercarse a los demás con espíritu benevolente

Las personas que están felices de ser como son, que confían en sí mismas y que están en paz consigo mismas, son libres emocional y psicológicamente para acercarse a los demás con espíritu benevolente. Quienes tienen una autoestima positiva tienden a generar cooperación, entusiasmo compartido y consenso más fácilmente que aquellos que dudan más de sí mismos, son inseguros y piensan en términos de un modelo de relaciones humanas del tipo yo *versus* tú, ganador/perdedor.

Ya sea que se piense en las personas en el contexto de una organización grande o de sus propias vidas, las que confían en sí mismas suelen tratar a los demás con mucho más respeto y benevolencia que aquellas que no lo hacen, con resultados predecibles en cuanto a su capacidad de lograr consenso.

## La convicción de que somos dignos de éxito

Esto se relaciona también con el componente de dignidad de la autoestima, esa convicción de que somos dignos y merecemos éxito, felicidad, confianza, respeto y amor.

Toda la vida consiste en perseguir valores. Para ello tengo que valorar al último beneficiario, es decir, a mí mismo. Si en mi interior no me siento digno de éxito o felicidad, lo más probable es que no los alcance y si lo hago seguramente no los disfrute. Solemos ver a personas que trabajando se sienten capaces pero no dignas. En consecuencia, trabajan y trabajan y nunca se sienten con derecho a descansar y disfrutar de lo que han hecho.

Los que dudan de su eficacia y dignidad tienden a experimentar temor hacia otras personas y, en consecuencia, pueden llegar a caer en relaciones de enemistad con ellas. Perciben a los demás como una amenaza.

Si, por el contrario, confiamos en nuestra eficacia y dignidad, tendremos menos posibilidades de caer en una mentalidad del tipo «yo *versus* tú». Es más probable que formemos relaciones cooperativas y que seamos hábiles para crear consenso.

## Altos niveles de cooperación social

Allan S. Watterman, un psicólogo de Nueva Jersey, realizó una amplia revisión de toda la literatura que existe acerca de la cooperación social y lo bien que se correlaciona con una individualidad muy desarrollada. Descubrió que los resultados eran muy positivos y no sólo con respecto a la cooperación social, sino también a las cualidades de benevolencia, generosidad y compasión.

Las personas con autoestima alta no se ven impulsadas a ser superiores a los demás; no intentan probar su valor midiéndose según un estándar comparativo. Se alegran de ser quienes son, no de ser mejores que otra persona.

## Sentir que usted marca una diferencia

En una ocasión trabajé con un equipo bastante improductivo. Una de las principales causas era que muchos de sus miembros no sentían que marcaban una diferencia. No pensaban que su contribución fuera relevante. A medida que comenzaron a creer que su aporte valía la pena, cooperaron más fácilmente unos con otros. Se trataba claramente de un tema de autoestima.

Es un deseo humano básico ser visible para los demás, ser visto y apreciado por ser quien se es. Y es natural querer trabajar en un ambiente que nos apoye a nosotros, a nuestra autoestima, que nos haga ver que nuestro aporte puede marcar y marcará una diferencia.

Como los ciclos económicos cambian, hay períodos en los cuales las personas pierden su empleo o temen que lo perderán. Los momentos difíciles pueden sobrellevarlos mejor aquellos cuya autoestima y sentimientos de competencia y autovalía no derivan exclusivamente de sus empleos.

## Competencia: seguridad interna

Entiendo por competencia la seguridad interna que deriva de confiar en sus propios procesos mentales, no de basar sus sentimientos de autovalía en resultados que no siempre dependen sólo de usted mismo.

Hace ya tiempo impartí un seminario sobre la autoestima en Detroit cuando el gobierno se hallaba aún en el proceso de decidir el futuro de Chrysler. Había varios ejecutivos de Chrysler en el curso y les dije: «He aquí lo que tiene de malo basar su autoestima en el desempeño per se o en la capacidad de ganar dinero per se. Ahora mismo algunas personas a quienes ustedes ni siquiera conocen están intentando decidir el futuro de Chrysler. ¿Tiene sentido que ustedes deseen poner su autoestima en manos de ellas? Si la idea los ofende, bien; me ofende a mí también. No tiene ningún sentido que su autoestima esté a merced de factores sobre los cuales ustedes no ejercen absolutamente ningún control».

Es un concepto muy difícil de comprender y aceptar para muchas personas. Para los hombres de nuestra cultura y cada vez más para las mujeres, tener dignidad está ligado a tener un cheque de salario o un empleo donde usted hace algo bien.

## Autoestima basada en nuestra capacidad de aprender

Debido a que el conocimiento se está expandiendo tan rápidamente, todos nosotros, para seguir siendo eficaces, necesitamos comprometernos con el aprendizaje permanente. Para muchos, esto implica un cambio significativo de actitud. No es fácil lograr un enfoque más abstracto en el cual la autoestima no está basada en lo que tenemos o sabemos sino en nuestra capacidad de aprender. Esto no sólo es importante en períodos de inestabilidad económica. *Cualquier* cambio impredecible puede forzar la necesidad de aprender algo nuevo y una persona debería pensar en términos de sus propios procesos, no de las aptitudes per se.

Por ejemplo, es más útil preguntar: «¿Cómo llegué de no saber nada de ingeniería (o ventas o enseñanza, etcétera) a saber bastante de ello? ¿Qué es lo que ya sé sobre aprender cosas desconocidas que pueda incorporar a este nuevo desafío?».

## Elevadas expectativas de éxito

Aquellos que se hallan en posición de enseñar o capacitar a otros, necesitan cultivar un aprecio a la capacidad de aprender. En el lugar de trabajo, los gerentes necesitan mantener expectativas de éxito elevadas en ellos mismos y en aquellos a quienes dirigen, y al mismo tiempo crear un ambiente donde sea seguro cometer errores responsables. Es muy difícil crear un ambiente disciplinado, audaz, no punitivo. No es una contradicción exigir a las personas elevados niveles de expectativa y al mismo tiempo permitirles crecer y aprender, pero para ponerlo en práctica se necesita pensarlo cuidadosamente.

Se podría partir de la premisa de que tendrán algo valioso e interesante para decir. Y si usted no cree que la persona puede pensar y que su opinión vale, imagine cómo actuaría si *sí* lo creyera. Y luego practique esos comportamientos entre treinta a sesenta días y observe los cambios que se produzcan.

Con respecto a establecer elevadas expectativas, al delegar trabajo, pregúntele a la persona si puede cumplir la tarea, si desea hacerse responsable de realizarla, etcétera. Trabaje para lograr un acuerdo firme en cuanto a lo que se ha prometido. Y luego revíselo una vez que se haya realizado la tarea.

### Responsabilidad para fijar metas

Siempre que sea posible es deseable tener un equipo que establezca sus propias expectativas y metas dentro del marco de los objetivos de la organización. Esto fortalece la experiencia de la autonomía personal. Y según algunas investigaciones, cuando los grupos fijan sus propias metas tienden a ser más altas que cuando lo hacen otros.

Los gerentes con autoestima positiva tienen menos dificultades para entregar el control del establecimiento de metas y otras tareas. Para poner en práctica técnicas de administración como ésta, probablemente valga la pena incorporar a un experto en autoestima que realmente pueda aclarar qué diferencias puede marcar en el lugar de trabajo y por qué.

Inicialmente, los seminarios de enseñanza de autoestima contribuyen a integrar la información a las prácticas diarias. Una vez que las personas comprendan cómo opera la autoestima en la psique humana, reconocerán oportunidades para su aplicación que un extraño no haría.

Un gerente no es un psicoterapeuta ni se puede esperar que lo sea. Nunca he sostenido que deban serlo. Más aún, los empleados no contratan la psicoterapia de su gerente aun cuando esté dispuesto a ello.

## Desafiar, estimular y exigir

Los estudios sugieren que obtenemos lo mejor de las personas cuando les pedimos algo más de lo que piensan que pueden dar. En otras palabras, les exigimos. Fijemos nuestras miras altas, pero no tanto que resulten paralizantes. Creo que el mismo principio puede aplicarse a nosotros mismos. Los gerentes necesitan establecer sus expectativas con respecto a ellos mismos con objetividad, sin duda, pero lo suficientemente elevadas como para desafiar, estimular y exigir. Por cada individuo cuyo problema es que sobreestima sus capacidades, hay cien personas que subestiman las suyas.

Si yo fuera el director ejecutivo de una empresa, pondría mucho énfasis en fomentar en mí mismo y en mis empleados el saber que las personas pueden hacer todo tipo de cosas que no creen que pueden hacer. La expectativa positiva puede ayudar a las personas a ver más allá de sus propias limitaciones. Al formar a gerentes para que ayuden a sus empleados a crecer, les contaría historias y les daría todo tipo de ejemplos con la esperanza de avivar la creatividad del gerente. Esto no puede reducirse a un manual de entrenamiento.

Realmente no hay atajos hacia la autoestima positiva; no podemos engañar a la realidad. Si no vivimos de forma consciente, auténtica, responsable y con integridad, podremos tener éxito, ser populares, ricos y pertenecer a todos los clubes adecuados, pero sólo tendremos pseudoautoestima. La autoestima es siempre una experiencia íntima; es lo que pensamos y sentimos con respecto a nosotros mismos, no lo que otra persona piensa y siente con respecto a nosotros.

La autoestima es realmente la reputación que obtenemos ante nosotros mismos.

# Recomendaciones para un mayor estudio

El enfoque central de mi trabajo como psicólogo ha sido el estudio de la autoestima, su rol en la vida humana y, más concretamente, su impacto en el trabajo y el amor. Si el libro que ha leído le resulta de valor, le sugiero los siguientes libros para profundizar sobre el tema.

*La psicología de la autoestima* (Paidós). Ésta es mi primera exploración teórica y revisión importante de toda la materia. A diferencia de mis libros posteriores, pone un fuerte énfasis en las bases filosóficas de mi trabajo. Trata preguntas tales como: ¿Qué es la autoestima y por qué la necesitamos? ¿Por qué es la autoestima una fuerza tan poderosa en la vida humana? ¿Cuál es el significado —y la justificación— de la idea de libre albedrío? ¿Qué relación existe entre razón y emoción? ¿Cómo se relacionan la racionalidad y la integridad con la autoestima? ¿Qué valores morales sustentan la autoestima y cuáles la socavan? ¿Por qué es la autoestima la clave para la motivación?

*Breaking Free*. Ésta es una investigación sobre los orígenes en la infancia de las autoimágenes negativas, dramatizadas a través de una serie de secuencias tomadas de mi práctica clínica.

101

A través de estas historias vemos de qué maneras los adultos pueden afectar de forma adversa el desarrollo de la autoestima de un niño. Indirectamente, en consecuencia, el libro es un manual sobre el arte de la educación de los niños.

*The Disowned Self.* Este libro examina el doloroso y ampliamente difundido problema de la autoalienación, en la cual el individuo no está en contacto con su mundo interior, y señala vías de recuperación. La obra ha resultado útil especialmente para adultos hijos de familias disfuncionales. Aporta una nueva visión de la relación entre la razón y la emoción que va más allá de mi análisis anterior del tema en cuanto a su alcance y profundidad. Demuestra cómo y por qué la autoaceptación es esencial para la autoestima positiva y señala el camino hacia la integración armónica de pensamiento y sentimiento.

*La psicología del amor romántico* (Paidós). En este libro exploro la naturaleza y significado del amor romántico, su diferencia con otros tipos de amor, su desarrollo histórico y sus desafíos especiales en el mundo moderno. Se tratan preguntas tales como: ¿Qué es el amor? ¿Por qué nace el amor? ¿Por qué prospera a veces? ¿Por qué muere a veces?

*What Love Asks of Us.* Originalmente publicado con el título *The Romantic Love Question-and-Answer Book,* esta edición revisada y ampliada escrita con mi esposa y colega Devers Branden, trata de las preguntas que oímos con más frecuencia de aquellos que están luchando con los desafíos prácticos de hacer que el amor funcione. Abarca una amplia gama de temas, desde la importancia de la autonomía en las relaciones hasta el arte de la comunicación eficaz, las aptitudes para la resolución de conflictos, cómo afrontar los celos y la infidelidad, cómo enfrentarse a los desafíos de los hijos y los parientes políticos y cómo sobrevivir a la pérdida del amor.

*El respeto hacia uno mismo* (Paidós). Este libro vuelve a la naturaleza de la autoestima y su rol en nuestra existencia, pero es menos filosófico que *The Psychology of Self-Esteem* y desarrolla más el tema específico. Analiza cómo el uno mismo surge, evoluciona y se mueve a través de etapas progresivamente más elevadas de individualización. Explora las acciones de los adultos que alimentan o subvierten el crecimiento del sentido positivo del uno mismo de un niño y qué podemos hacer nosotros como adultos para elevar el nivel de nuestra propia autoestima. Examina la psicología de la culpa. Trata la relación entre la autoestima y el trabajo productivo. Es el mejor resumen de mi pensamiento sobre la autoestima hasta la fecha (1992).

*If You Could Hear What I Cannot Say.* Éste es un libro de ejercicios. Enseña los fundamentos de mi técnica para completar oraciones y cómo puede utilizarla una persona que está trabajando sola en la exploración, comprensión, curación y crecimiento personal.

*The Art of Self-Discovery.* Este libro amplía el trabajo del volumen anterior. Originalmente publicado con el título *To See What I See and Know What I Know,* esta edición revisada y ampliada apunta a brindarles a los asesores y psicoterapeutas las herramientas que han de utilizar en su propia práctica clínica.

*Cómo mejorar la autoestima* (Paidós). El propósito aquí es proporcionar al lector estrategias específicas para crear la autoestima. Esta discusión es más concreta que en mis obras anteriores, está más orientada hacia la acción. Está dirigida también a personas que trabajan en su propio desarrollo y a padres, maestros y psicoterapeutas a quienes se invita a experimentar con las técnicas que se describen.